Birgit Birnbacher

Wovon wir leben

Roman

Paul Zsolnay Verlag

Gefördert von Stadt und Land Salzburg

Die Arbeit der Autorin an diesem Manuskript wurde unterstützt durch das Bundesministerium für Kunst, Kultur, öffentlicher Dienst und Sport.

5. Auflage 2024
ISBN 978-3-552-07335-7

Satz: Nadine Clemens, München
Autorenfoto: © Siegrid Cain
Umschlag: Anzinger und Rasp, München
Motiv: © Gordon Hunt
Druck und Bindung: CPI books GmbH, Leck
Printed in Germany

FSC
www.fsc.org
MIX
Papier | Fördert gute Waldnutzung
FSC® C083411

How happy the lover,
how easy his chain.

John Dryden

1

Wird Zeit, dass das Jahr zu Ende geht. Wenigstens eines habe ich gelernt: die vollständige Atmung. Immer mehr aus als ein. Ziemlich einfach zu merken: immer mehr geben als nehmen. Hier, vor dem Eingangsbereich im Krankenhaus, ist es für einen Augenblick ungewohnt still. In der Kapuze meiner Winterjacke knistern Schneeflocken. Kurz bleibe ich auf dem Weg zum Gebäude hin stehen. Unter meinen Schuhen knirscht der Kies. Einen Moment noch so tun, als wäre nichts. Ich schaue die Fassade hinauf zur Station, die mein Arbeitsplatz gewesen ist, zu der ich gleich ein letztes Mal hinauffahren werde, um meine Sachen zu holen. Hier stehe ich nun und rühre mich nicht. Atme ein und aus. Vollständige Atmung. Ich konnte ein Leben lang Asthmatikerin sein, ohne zu wissen, was das ist.

Aus einem der Bodengitter des Kellers steigt ein Schwall Industriesauberkeit herauf, frische Wäsche. Der Duft verfliegt so schnell, wie dort unten das Licht ausgeht. Müde, wie ich bin, denke ich für einen kurzen Moment, dass das gute Arbeit ist: ein weißes Tuch und der Auftrag, es zu waschen und zu falten. Aber ich bin alt genug, um zu wissen, niemand wäscht einfach ein Tuch. Bevor ein Tuch wie dieses sauber wird, kleben Blut und Scheiße daran, und die Chemie bringt einen um.

Ich spüre, dass meine Kapuze sich langsam mit Schnee füllt. Gleich wird mir ein Tropfen ins Genick rinnen. Dort unten hat jemand für heute seinen Dienst beendet, ich beende meinen hier oben für immer. Der da unten wird morgen wiederkommen, aber was tue ich, an meinem ersten Tag, wenn ich arbeitslos bin, wenn sie mich nach Ablauf des Krankenstands kündigen? Diese Atelektasen gleichen einer Vollzeitbeschäftigung:

Steroidsprays, Tabletten, Entkrampfungsmittel, inhalieren und immer wieder inhalieren. Vierzehntägige Kontrolle. Alles wegen ein paar unbelüfteter Bereiche in der Lunge. Ich habe immer schon schlecht Luft gekriegt, aber nach dem letzten Asthmaanfall wurde es seltsam eng, als habe der Vorfall in der Arbeit mitgespielt. »Alles kann man nicht auf die Organe schieben«, hat die Lungenärztin gesagt, und sie hat natürlich recht, den Rest schiebe ich aufs Krankenhaus. Solange ich krank bin, ist die Kündigung rechtswidrig. Aber sie warten nur darauf, so steht es im Brief der Personalabteilung: Die Kündigung erfolgt auf die Gesundschreibung, *prompt*. Noch habe ich durch die Krankheit gut zu tun. So viel ändert sich also nicht. Zuerst waren die anderen krank, jetzt bin ich es halt selbst. Arbeit ist Arbeit, aber das stimmt natürlich nicht. Wenn Arbeit einfach Arbeit wäre, wäre Auszeit zum Beispiel Auszeit. Aber Auszeit zählt auch nur, wenn die Arbeit die Arbeit bleibt. Und Krankheit nur, wenn Genesung naht. Wenigstens da gehöre ich zu den Glücklichen, die Glücklichen unter den Arbeitslosen sind so krank, dass die Krankheit die Arbeit ablöst. Den weniger Glücklichen fehlt nicht einmal was.

Viele Jahre habe ich mir eingeredet, dass ich gern Krankenschwester bin.

»Für mich wäre das nichts«, habe ich oft gehört. Viele haben immer wieder gesagt, dass sie eine solche Arbeit nicht machen könnten, und mit *können* war natürlich *wollen* gemeint.

»Zu Hause« im Innergebirg, das von der Stadt kilometermäßig bloß eine Autostunde entfernt gewesen wäre, zugleich aber durch ein Bergmassiv und vier Tunnel abgetrennt ist, habe ich lange nicht davon geträumt, eines Tages in der Stadt zu leben. Träumen stand nicht auf dem Plan. *Irgendetwas werden* stand auf dem Plan, und ginge es nach den Eltern, wäre ich damals, nach dem Absolvieren der Pflichtschule und der Bürolehre im Autohaus, bereits genug »geworden«. *Man muss zufrieden sein.*

In der Region Innergebirg gab es drei große Arbeitgeber: die Kissinger-Schokoladenfabrik im flussabwärts gelegenen Schwarzbach, ein kleiner, schattiger Eisenbahnerort am Fuße des schattenwerfenden Heukarecks, in dessen Bahnhofstraße damals die erste traurige Dönerbude im gesamten Gebiet aufsperrte. Die Dönerbude kam mir als Kind wie ein Gruß aus der großen weiten Welt vor. In der Kissinger-Fabrik, die alle immer nur *die Firma* nannten, war der Vater sein ganzes Leben lang als Arbeiter beschäftigt.

Der zweite große Arbeitgeber war die Aluminiumfabrik, die sich etwa eine halbe Bundesstraßenstunde entfernt, in dem Ort Blendt, befand. Obwohl der Großvater über unseren Heimatort Hofmark, vor allem über die Grafen, denen »alles gehörte«, was wir sahen, »der See und der Wald und das Schloss und die Luft«, die wir atmeten, häufig abschätzig redete, redete er über Blendt, das er für gewöhnlich nur das »Drinnen hinter dem Puff« nannte, noch viel abschätziger. Das kam daher, dass er die Arbeit an der Aluminiumschmelze hasste, und eigentlich immer lieber Tischler geworden wäre, was paradoxerweise aber nicht dazu führte, dass er später zu seinem Schwiegersohn in die Werkstatt gegangen wäre, wenn dieser Tischlerarbeiten machte, die er sich selbst beibrachte. Eher verachtete er den Schwiegersohn dafür, oder er beneidete ihn, jedenfalls fügte etwas an der Holzarbeit meines Vaters meinem Großvater Schmerzen zu, doch es blieb im Unklaren für mich, welchen Ursprungs sie gewesen sind.

Bleibt also noch der dritte Arbeitgeber, das Unfallkrankenhaus, das aufgrund der Nähe zu den Schigebieten immer gut ausgelastet war, dessen Hubschrauberlandungen auf dem Dach sommers wie winters zur Geräuschkulisse meiner Kindheit gehört hatten. Das Krankenhaus war, wie es immer hieß, »Arbeitgeber für *hunderte Menschen* in der Region«. Vor allem Frauen ergriffen die Berufe der angelernten »Stockmädchen«, Pflegehelferinnen oder Krankenschwestern, und sie alle wurden geachtet, immerhin hatten sie es mit Ärzten zu tun.

Der Schwesternberuf war für mich trotzdem immer mehr als die geeignetste aller Möglichkeiten, auch wenn diese gering waren. Weil das Fortgehen aus dem Innergebirg so negativ behaftet war, traute ich mich nicht sofort, daran zu denken. Weg gingen nur die Studierten, die sich etwas darauf einbildeten, studiert zu haben, die sich zu gut vorkamen, um zurückzukehren.

Vorerst blieb ich und wurde Schwester, und der Schwesternberuf bediente wohl manche Neigung in mir, von der ich vorher gar nicht wusste, dass ich sie habe. Vom Großvater, der, abgesehen von seinem Zorn auf die Besseren und die Großkopferten, jede zertretene Schnecke aufgehoben und zu retten versucht hatte, erbte ich die Hinwendung zur Kreatur, und kam dieser später im Schwesternberuf nach, indem ich gern für andere da war, wenn sie weinten oder Schmerzen hatten, weil ich es konnte, weil ich es ernst meinte. Als ich von der Gelegenheit zum Wechsel in die interne Abteilung der Landesklinik erfuhr, zögerte ich zuerst, aber innerhalb von drei Tagen entschied ich mich, bewarb mich um die Stelle in der Stadt und bekam die Zusage. Kurz darauf wohnte ich nicht mehr im Innergebirg, ich verließ die Gegend, deren Gewicht auf meiner Brust ich erst bemerkte, als ich woanders war.

Ich liebte die kleine Stadt. Ich liebte das Fahrradfahren über die Staatsbrücke, den Wind im Haar, die Musik in den Ohren, ich liebte die Schauspielstudenten und die Tanztheaterproben im Freien, ich liebte die Kleidung der Menschen und die Klavierklänge aus den offenen Fenstern der WG-Zimmer. Ich liebte die Parks und die Bänke, die knutschenden Paare und all die

Bars und Kneipen und Lokale. Ich verliebte mich, ich knutschte, ich ging in Kneipen, ich lernte Menschen kennen, die ganz anders waren als alle, die ich kannte: Regieassistenten, Immobilienmakler, Museumsaufseher. Weil die Stadt so klein war, kamen immer und überall Freunde von Freunden dazu. Ich fühlte mich am Leben, atmete auf.

Der Vater sagte schon früher nie besonders viel zu meiner Berufswahl, außer, dass das Krankenhaus ein sicherer Arbeitsplatz sei. Wenn er auch nicht verstanden hat, wieso ich nach der Lehre noch etwas lernen wollte, musste er sich für meinen Beruf wenigstens weder genieren, noch musste er damit hausieren gehen und Applaus einholen, wie zum Beispiel der Vater meiner Schulfreundin Bea das tat, der es nicht lassen konnte, jedem unter die Nase zu reiben, dass Bea jetzt Architektin sei. Seitens des Vaters war das keine Ignoranz, es war wahrscheinlich Zufriedenheit. Ich glaube, der Vater fand, dafür, dass ich eine Frau bin, habe ich alles herausgeholt.

Vielleicht lag das auch daran, dass meine gesamte Kindheit unter dem Zeichen vom Ende der Fabrik stand, so wie auch meine Jugend und das Älterwerden des Vaters unter dem Zeichen vom Ende der Fabrik standen. Seit ich mich erinnern kann, wurde das Ende der Herstellung der Schokoladenbrezeln und des Waffelbruchs und der weißen Zuckerstangen mit den blauen, roten und grünen Spirallinien ausgerufen und beklagt. Seit ich denken kann, kam der Vater von der Arbeit an der zweiten Pressmaschine nach Hause und sagte, jetzt ist es dann aus, oder, diesmal ist es wirklich aus. Jahre- und jahrzehntelang war es immer, die ganze Zeit, aus.

Oft redete er darüber, was er alles verlieren würde, wäre es nur erst mit der »Firma« vorbei: den Sportverein und die Sportvereinssitzungen, den Donnerstagsstammtisch, die Freundschaft zu diesem und jenem, die Freundschaft zum Betriebsarzt, die ihm so wichtig war. Die Gründe dafür begriff ich erst mit den Jahren. Der Betriebsarzt war der Arzt unserer gesamten Familie, der Arzt, der mir und dem Bruder die ersten Schluckimpfungen auf Zuckerstücken verabreicht hatte, und er war auch jener Arzt, der damals, vor über dreißig Jahren, auf ein Attest schrieb, der Bruder habe nur ein einfaches Fieber.

Der Bruder hatte kein einfaches Fieber, der Bruder hatte eine ernstzunehmende Gehirnhautentzündung, und der Vater hätte in dieser Nacht, als Mutter, die keinen Führerschein gehabt hat, flehte, er möge den Buben zusammenpacken und ins Krankenhaus fahren, etwas unternehmen müssen. Der Vater aber unternahm nichts.

Später verdichteten sich die Hinweise, dass dem Bruder vielleicht nichts geblieben wäre, hätte der Vater ihn sofort zusammengepackt. Im Attest des Betriebsarztes aber, auf das der Vater sich wieder und wieder bezog, sah er so etwas wie einen Freispruch, sodass der Betriebsarzt mit der Zeit, als immer deutlicher wurde, dass der Bruder nicht mehr normal würde, bald viel mehr als ein Betriebsarzt geworden war, eine Ausrede, eine Läuterung, ein Alibi, und weil man das so alles nicht sagen durfte, sagte man Freund.

Den Betriebsarzt also würde er verlieren, und unsere Familie seine aufopferungsvolle Fürsorge. Jedes Mal, wenn er darüber sprach, sahen Mutter und ich einander nur stillschweigend an. Wenn der Vater über das Ende der Firma schwadronierte, durfte sowieso niemand dazwischenreden.

Sein Ende mit der Firma führte der Vater dann aber selbst herbei, indem er im Zuge einer der vielen Einsparungsmaßnahmen, in einem Anfall von Existenzangst und Gier, einen, auf den ersten Blick verlockenden, Deal zur früheren Pensionierung annahm. Diesen Deal, der nichts anderes als das Loswerden zu teuer gewordener Arbeitskräfte war, fand er so verlockend, dass er für den Augenblick vergaß, was ein Arbeiter ohne seine Arbeit, was er ohne diese Firma war.

Nicht ohne Grund fällt mir bei meinem letzten Gang ins Krankenhaus der Vater ein. Für den Vater war das Verlieren der Arbeit das Schlimmste, was ihm widerfahren ist. Nach seiner Pensionierung fiel er in sich zusammen. Er kapierte, dass er einen Fehler gemacht hatte. Er vermisste nicht nur die Kollegen, er vermisste auch seinen Platz an der zweiten Pressmaschine, und die Maschine selbst, von der ich mir vorstelle, wie sie ihm dampfend und klackend den Takt eines Tagesablaufs vorgegeben hat. Früher, wenn der Vater aus der Firma gekommen war, roch er nach Waffelbruch, nach sonnentrockenem Karton. Später vermisste er den Geruch seiner Halle, ohne ihn war er nicht mehr derselbe.

»Ein sicherer Arbeitsplatz« war das Einzige gewesen, was dem Vater zu meiner Arbeit je eingefallen ist. Wie werde ich ihm beibringen, dass ich es trotzdem geschafft habe, ihn loszuwerden?

Die Eltern haben mich nie gefragt, warum ich Krankenschwester werden wollte. Sie haben gesagt: »War es im Autohaus nicht schön? Du hast doch immer gesagt, du magst das Autohaus.«

Dabei war ich bloß fünfzehn gewesen und wollte unbedingt weg von der Schule. Ich wusste von Mutters jungmädchenhaften Stewardessenträumen, die sie so früh wieder aufgegeben hat. Ich wusste, dass sie damals, zum achtzehnten Geburtstag, von ihren Eltern das rote Lederköfferchen geschenkt bekommen hatte, mit dem sie eigentlich in die große weite Welt hätte aufbrechen sollen, nach Wien, und Flugbegleiterin werden. Die Ausbildung brach sie dann aber ab, weil sie sich im Heimaturlaub im Sommer in einen aus der Aluminiumfabrik verliebte und solange diese Bindung hielt, was freilich nicht sehr lange war, lieber zurückkam nach Hofmark. Dann jobbte sie mal hier, mal da, als Dekorateurin oder als Stubenmädchen in den Wintersporthotels, bis sie ein paar Jahre später den Vater kennenlernte und bald einmal mit mir schwanger war. Ich wusste das alles, wusste von den Stewardessenträumen und den Wunden, die sie ab und zu in ihr aufrissen, wenn sie wieder einmal damit haderte, nichts gelernt zu haben, nichts zu können, nicht einmal Auto fahren.

Aber ich war fünfzehn, und als sie mich fragten: »Wofür interessierst du dich?«, wollte ich nicht Friseur oder Kindergarten sagen. Bestimmt wollte ich sie auch ärgern, als ich sagte: »Für Autos«, und so rechnete ich nicht damit, dass sie sagten: »Dann lernst du Büro im Autohaus.«

Damals hatte sich bereits herausgestellt, dass mein Bruder David unbrauchbar sein würde, untauglich für die Schule und die Arbeit. Nach der Gehirnhautentzündung musste er zweimal lange ins Krankenhaus und kam direkt danach in ein Sanatorium. Wir ahnten nicht, dass es für immer sein würde, wir dachten – nein, ich dachte gar nichts. Ich schaute nur aus dem Autofenster und hielt es für eine vorübergehende Lösung, bis er wieder selbst aufs Klo gehen und allein essen können und aufhören würde, komische Dinge zu tun, andauernd auf und ab zu wippen oder aus unerfindlichen Gründen einfach zu schreien, auch wenn weit und breit nichts geschah. Doch er hörte nicht auf, nie wieder, nur wussten wir das damals noch nicht.

Ich habe mich oft gefragt, wie schlimm die Sache mit David für die Eltern war. In ihren Gesichtern konnte ich es nicht sehen, und ihren Gesprächen war es nicht zu entnehmen. Als ich in die Lehre kam und gegen alles und jeden protestierte, machte der Vater manchmal den Witz, dass in Wirklichkeit mein Hirn das entzündete sei, und Mutter biss die Lippen zusammen, bis sie faltig und furchig waren. Im Stillschweigen faltete sich nach und nach ihr schönes Gesicht zusammen. Aber sie musste schweigen, denn der Vater hasste das Weinen. Ging es nach dem Vater, durfte niemand weinen in dem Haus, das Mutters Eltern nach dem Krieg gebaut hatten, für das der Großvater in der Aluminiumfabrik gearbeitet hat. Der Einzige, der sich das mit dem Weinen nicht anschaffen ließ, war der Großvater. Vielleicht weinte er deswegen bei jeder Gelegenheit. Er weinte, wenn ihm jemand etwas schenkte, bei der Enthüllung des Denkmals für die Hofmarker Deserteure weinte er, und wenn sonst niemand dabei war, wenn er sich anzog und ich ihm mit den Kinderfingern in den Schulterdurchschuss fuhr, weinte er auch. Als ich ihn fragte, warum, zögerte er. Dann sagte er: »Weil du so schön bist.« Ich wusste nie, ob der Großvater in diesem Moment gelogen oder die Wahrheit gesagt hat, aber damals begann ich zu ahnen, dass beides zugleich möglich war.

Nur ein einziges Mal brach es aus Mutter heraus, es war während eines Streits, den wir bei einem meiner selten gewordenen Besuche hatten, als ich längst in der Stadt lebte. Er begann beiläufig, mit einer kleinen Gereiztheit meinerseits, auf die wiederum sie gereizt reagierte, bis ich sagte, ich müsse los, ich hätte schließlich morgen Dienst im Krankenhaus.

»Krankenhaus«, sie sagte das Wort wie mit einer Zange aufgehoben, »immer dieses Krankenhaus. Und wann lebst du, fährst fort, tust was Schönes?« Ausgerechnet sie musste das sagen, die nie fortfuhr, lebte, etwas Schönes tat. Aber das sagte ich nicht, oder zumindest nicht so. Dann ergab ein Wort das andere, bis sie irgendwann über den Tisch schrie, als ich schon in der Tür stand, sie habe sich für mich halt einmal etwas Besseres gewünscht, als anderen den Hintern abzuwischen, und dass sie einfach nicht verstehe, wie ich mich freiwillig, freiwillig und ohne Not, für »so etwas« entscheiden habe können. Wo ich alles hätte tun können, ja jetzt noch tun könnte. Wo ich nicht einmal einen Mann habe, geschweige denn Kinder! Wo doch nichts mich hielt. Dann sank sie in sich zusammen und lehnte sich in ihrem Stuhl zurück und schaute auf die Tischplatte und schüttelte lange den Kopf. Über meine vergeudete Freiheit blieb Mutter untröstlich.

2

Ich muss in den vierten Stock, Interne. Zwölf Jahre lang war das meine Station.

Ich stelle mir vor, wie es wäre, der Aufforderung der Frau aus dem Personalbüro nicht nachzukommen. Meine Sachen nicht abzuholen, meinen Dienstausweis nicht abzugeben, meine restlichen Schlüssel und Karten nicht, wie sie in ihrem näselnd distanzierten Beamtenton vorgetragen hat, »im Stationspostkasten zu hinterlegen«.

Aber ich ziehe das jetzt durch, gehe hinein, warte auf den Aufzug und schaue nicht nach links oder rechts. Heute ist Sonntag. Johannes hat am Sonntag fast nie Dienst, Sonntage sind für Frau und Kinder reserviert. Auch Gerlinde hat keinen Dienst. Ich fürchte, dass ich Gerlinde als Freundin verlieren werde, wenn ich jetzt gehe. Eine Freundschaft, die darauf basiert, dass beide im selben Boot sitzen, beide gleich müde sind, beide gleich allein. Wenn ich überhaupt ausgegangen bin in letzter Zeit, dann mit Gerlinde ins Kino oder ins Restaurant.

Gerlinde war geschockt, als sie erfahren hat, dass die Pflegedirektorin mich nach dem Krankenstand kündigen will. »Hätte nie gedacht, dass die das machen«, hat sie mir per SMS geschrieben, und: »Vielleicht kann man da noch Gespräche führen.«

Und immer diese Ungewissheit. Dass ich nicht weiß, wie es sein wird, ohne Arbeit zu sein. Ich habe Erspartes, für ein paar Monate reicht das. Aber das Krankengeld wird immer weniger, je länger ich im Krankenstand bin, und das Arbeitslosengeld wird erst recht wenig sein. Unter normalen Umständen wäre das alles nicht so schlimm. Such ich mir eben eine Arbeit, findet doch jeder irgendwas. Mit meiner Lunge aber geht das derzeit nicht. Die Personalwohnung vom Krankenhaus muss ich räumen, sobald mein Dienstverhältnis endet. Einen Umzug in eine normale Mietwohnung, so wie der Markt derzeit aussieht, schaffe ich finanziell noch gerade so, kräftemäßig aber beim besten Willen nicht.

Als ich allein im Aufzug stehe, tropft Wasser von meiner Jacke. Diese Winterjacke habe ich erst vor wenigen Wochen gekauft. Da hatte ich noch vor, vielleicht wirklich wieder mit dem Schifahren anzufangen. Johannes fährt Schi, vielleicht hätten wir uns einen Tag herausgeschlagen. Jetzt brauche ich diese Jacke nicht mehr. Nicht nur, dass Sport in der kalten Luft unmöglich für mich ist. Wer keine Arbeit hat, hat auch keine Freizeit.

Es ärgert mich, wie die Lunge pfeift. Ich wünschte, ich könnte still sein, still atmen, nicht wie ein nervöses Tier, aber sobald die Atmung einmal krampft, funktioniert das nicht. Das ist kein leichter Gang, und ich versuche, geduldig mit mir zu sein. Wenn ich erst hier raus bin, bekomme ich auch wieder Luft. Ein Aufzug ist kein guter Ort für Lungenkranke. Und dann noch mein Spiegelbild. Meine Haare wissen schon, dass ich arbeitslos bin, denke ich, als ich im Lift das Gesicht betrachte, das mir dort entgegenschaut.

Oben ziehe ich die Karte durch den Schlitz, die dumme Erleichterung darüber, dass noch einmal das grüne Licht aufleuchtet und die Tür ein letztes Mal aufgeht. Die Gemeinschaftsgarderobe vor den Einzelumkleiden ist leer. Es riecht nach

Gummisohlen und Jod. Kurz bilde ich mir ein, dass es auch nach Johannes riecht. Ich schaue hinüber zur blaugrauen Front seines Spinds, 410, nicht weit von meinem. So hat das damals angefangen. Familienfoto hat er keines im Spind gehabt, nur diese Postkarte mit dem auffällig gelben, südafrikanischen Maskenweber. »Schöner Vogel«, habe ich im Vorbeigehen gesagt. Was für ein bescheuerter Satz, nicht mehr daran denken.

Mit einem Ruck drehe ich jetzt den Schlüssel herum und reiße die Tür meines Spinds auf. Schnell alles in den Rucksack hineinstopfen, die Karte mit dem Vogel auch. Mein Dienstgewand, den weißen Kasack, die Hose, Reservegarnitur. Die Klemmen und das Desinfektionsmittel, den Stauschlauch, die Schere und die Kulis wische ich auf einmal von der Ablage, alles in den Bauch des Rucksacks hinein. Das sortiere ich später, oder stopfe es einfach in den Müll.

»Ein südafrikanischer Maskenweber«, hat Johannes geantwortet. Arzt erklärt Krankenschwester die Welt, das war der Ton, den die Stimmgabel angeschlagen hat, und so ist es im Grunde immer geblieben. Auch als die Dinge kompliziert wurden, weil er auf einmal mehr wollte, mehr Zeit, mehr Treffen, mehr Nähe, andere Treffen, mitten und im Rest der Welt, und ganz verrückt geworden ist in seiner Gier.

Alle anderen Zettel, Notizen und Postkarten, die ich auf die Innenseite der Tür geklebt habe, Mutters neue Handynummer, die sie mir geschickt hat, Gerlindes »Hand an der Wand«, die sie mir »zum Anlehnen« geschenkt hat, reiße ich herunter. Zurück bleiben nur Ecken mit Tixostreifen. Der Maskenweber ist im Rucksack schon ganz unten.

»Der ist bekannt für seine kunstvollen Nester«, hat Johannes damals erklärt, als wäre er ein Ornithologe. »Schau dir das an, wie er dieses Nest macht, ein Kunstwerk.«

Was geht mich dieser Vogel an, hätte ich denken müssen,

wäre ich bei Verstand gewesen, und sagen sollen: »Ich verstehe überhaupt nichts von Vögeln.« Und wäre er bei Vernunft gewesen, hätte er zugegeben: »Ich habe überhaupt keine Ahnung von Nestern.« Dass er trotzdem über sie referiert hat, kam mir nicht im Geringsten eigenartig vor.

Eigentlich tut er mir leid. Wie er sich gesehnt hat danach, verliebt zu sein, wie er mehr wollte, als er fühlte, und glaubte, sich diesen Zustand zurechtficken zu können. Wie er glaubte, er fühlt es, wenn er es nur gierig genug will: Ich habe gar nicht gemerkt, wie traurig das ist.

»Der webt und webt, sein ganzes Leben lang, und wenn er fertig ist, zerstört er das Nest und fängt wieder von vorne an«, lachte er. »Dabei braucht er die gar nicht, die Nester. Der braucht vielleicht eines oder zwei, den Rest seiner Zeit webt er umsonst«, sagte er in einem Ton, als wäre der Maskenweber ein ziemlich vertrotteltes Tier.

»Vielleicht hat er zu viel Energie«, habe ich gesagt, unbedacht, und ihn angeschaut, dass er rot geworden ist. *Energie* hat ihn in Verlegenheit gebracht, und mich hat das auch noch gerührt.

Vor ein paar Monaten, zu meinem Geburtstag, hat er dann kühn die Adresse eines armenischen Restaurants auf einen Zettel geschrieben und mir den Zettel auf den Spind geklebt. In diesem Restaurant wollte er mich, allen Risikos zum Trotz, treffen. Obwohl ich gesagt habe, er spinnt, habe ich mir eben auch gedacht, er muss es selber wissen. Und dort hat er mir dann auch gesagt, dass Marie noch ein Kind bekommt.

»Marie bekommt noch ein Kind«, hat er gesagt, erstens, als würde ich seine Frau kennen, und zweitens, als wäre das allein ihre Angelegenheit und er nur der Überbringer einer Nachricht.

Noch eines, dachte ich, wo sie doch schon zwei haben, wo doch eines eigentlich schon viel ist, aber als Kinderlose hütete ich mich davor, eine Reaktion zu zeigen. Gerechnet hatte ich ja eher mit einem Geburtstagsgeschenk oder schlimmstenfalls mit einem Überraschungsdessert. Geworden ist es die Nachricht, dass Johannes sich in Zukunft wahrscheinlich etwas schwerer Zeit nehmen kann.

Beim Armenier sehe ich mich jetzt noch sitzen, während ich die schweren Arbeitsschuhe, so ein Turn-Sicherheitsschuh-Hybrid, die Gerlinde mir eingeredet hat, fest auf den Maskenweber und die anderen Sachen oben draufstopfe. Ich ziehe den Rucksack zu und sehe mich dort an dem schummrigen Ecktisch, die Kerze zwischen uns, wie ich um Worte ringe, wie ich überlege: *Glückwunsch* oder *Arschloch*, und mich für beides entschließe, in dieser Reihenfolge. Wie er mich daraufhin küsst vor Erleichterung, in aller Öffentlichkeit, und sagt, dass er das so liebe an mir, das Lockere. Dass ich sogar jetzt einen Witz mache.

Erst als ich den Rucksack zusammengeschnürt und geschultert habe und die Garderobe verlasse, als ich beim Hinausgehen Karten und Schlüssel in den Stationspostkasten werfe und die Tür ein letztes Mal hinter mir zugeht, erst da atme ich durch. Mehr aus als ein.

3

Als ich mit achtzehn Jahren Auto fahren lernte, fuhr ich zuerst jemandem beim Einparken einen Seitenspiegel ab, ein anderes Mal rammte ich einen großen SUV beim Ausparken, bis ich dann eines Nachts auf der kurvigen Bundesstraße bei winterlichen Fahrverhältnissen ins Schleudern geriet. Damals dachte ich, dass jedes Unglück sich irgendwie ankündigt, dass die beiden vorangegangenen Ereignisse so etwas wie Warnschüsse gewesen sind. In dieser verschneiten Nacht gab es keinen Gegenverkehr, ich befand mich allein im Auto, und mir passierte nichts, nur das alte Auto war zerbeult von der Leitplanke.

Dass sich alles irgendwie ankündigt. Dass sich eigentlich auch das irgendwie angekündigt hat. Dass schon vorher einiges an meiner Arbeit nicht gut gewesen war, ganz abgesehen von Johannes. Dass der bürokratische Aufwand auf einmal den Großteil der Zeit verschluckt hat. Das Verschriftlichen, das Digitalisieren, das Dokumentieren, die vollkommene Durchtaktung eines eigentlich doch unplanbaren Bereichs, der Arbeit am Menschen. Als wäre dieser lediglich ein zu behandelnder Körper, der weder spricht noch fühlt oder handelt. Und selbst, wenn er all das lässt, ist so ein Körper schon Unsicherheitsfaktor genug: Wer ungeplant blutet, kann eigentlich nicht gewechselt werden, die Zeit dafür war auf einmal nicht mehr vorgesehen. Mit jedem eingetragenen Häkchen in die Datenmaske, jedem abgearbeiteten Kreuzchen meiner Aufgabenliste wurde der Mensch vor mir abstrakter. Sein Mitteilungsbedürfnis, seine Sorgen oder Nöte waren auf einmal ein Extra, das eigentlich nicht mehr zum Auftrag gehörte. Das Schlimmste aber war, dass auch für mich die Tatsache, wie ich meine Arbeit mache, nach und nach vor der Frage in den Hintergrund trat, wie lange ich brauchen durfte und ob ich fähig war, meine Aufgaben in den für sie vorgesehenen Slots, fünf Minuten Bettbezug, zehn Minuten Ganzkörperwäsche, fünf Minuten Verbandswechsel inklusive Wundhygiene, auch zu schaffen. Die Ziele änderten sich, aber wenn das eigentliche Pensum abgehakt war, hatte ich noch keinen zweiten Tee gebracht, keine aufmunternden Worte gesprochen und natürlich schon gar keine Tränen getrocknet oder Scheidungsgeschichten gehört. Vieles geht im Vorbeigehen, manches nebenbei, nur zuhören und da sein, jemandes Hand halten oder Schmerz ertragen geht nicht zwischen zwei *Slots*, doch wenn es da nicht geht, geht es eben gar nicht mehr.

Erstaunlich lange habe ich mitgemacht, meine Tätigkeiten gestrafft. Ich bin so schnell und effizient geworden, dass irgendwie doch immer noch Zeit für ein freundliches Wort oder ein kleines Extra blieb. Irgendwie habe ich es eine Weile ganz gut hingekriegt, dass ich nicht jeden Patienten, gleich ob er Schmerzen gehabt hat oder nicht, dazu »anregen« musste, sein Bett selbst zu beziehen, wie die Dienstanweisung das vorsah.

Meine Arbeit war immer noch gut, mein Pensum ging mir trotzdem mehr oder weniger leicht von der Hand, weil ich die Arbeit liebte, diese professionelle, gleichzeitig aber immer auch distanziert geschützte Form der Menschlichkeit, die einen nebenbei auch auf bequeme Art stets von den größeren Sinnfragen enthob. Ich hielt mich grundsätzlich für krisenresistent, vor allem, wenn es um die Krisen der anderen ging. Ich war die Menschen gewohnt. Durch ihr ständiges Menschsein schützte ich mich vor meinem. Wahrscheinlich war es nur eine Frage der Zeit, bis ich irgendwann als das vor einem Patientenbett stand, was ich wirklich war: ein Mensch unter Menschen.

Als ich zum ersten Mal im Büro der Beisteiner saß, war ich jedenfalls ziemlich weit weg davon, ein Mensch unter Menschen zu sein. Sie trug eine gestärkte Bluse und auf der Brust ein Schild mit langen Titeln in goldener Schrift und eine Lesebrille von Cartier. Sie wirkte so sehr wie eine Karikatur, dass ich gelacht hätte, wäre es nicht ernst gewesen.

»Wir weigern uns«, habe ich dann dahergestammelt, »das weiter so mitzutragen. Die Patienten spielen bei dieser *Selbstermächtigung* nicht mit.«

Ich sagte es wie ein Fremdwort, ich sagte es so, dass keine Zweifel an meiner Meinung blieben. Ich betonte das Wort, das ihr so wichtig war, und indem ich es betonte, machte ich es lächerlich vor ihr. Das konnte sie sich freilich nicht gefallen lassen. Also ist die Beisteiner mit mir abgefahren, hat mich verächtlich gefragt, ob ich denn noch nichts von *Empowerment* gehört habe, pflegetechnisch nicht auf dem neuesten Stand sei. Ob ich – sie kniff die Augen zusammen und las von meinem Schild ab –, Julia Noch, denn insgesamt Schwierigkeiten hätte, das Leitbild des Hauses zu vertreten.

Und ich, nicht wiederzuerkennen als die, die mit achtzehn leidenschaftlich entschieden hatte, Krankenschwester zu werden, sagte feige und mundtot, nein, dass ich die nicht habe.

Als ich mich schließlich entfernen durfte, war ich einfach nur froh, dass es vorbei war. Der einzige Zweck dieses Auftritts war, dass die Beisteiner später ein Gesicht zu dem Vorfall hatte. Sonst hätte die nie und nimmer gewusst, wer ich überhaupt bin. So aber komme ich nicht umhin, mir vorzustellen, wie sie davon erfahren hat und denkt: »Die war das. Die Große mit dem Pferdearsch, die herumgestottert hat, die ist das gewesen.«

Die Fahrt im Bus nach Hause schaffe ich jetzt auch noch. Einatmen, ausatmen, einfach immer mitzählen, dann bleibt für den Rest gar nicht so viel Platz im Kopf. Die grauen Strähnen, die ich in der Spiegelung des Busfensters sehe, habe ich erst diesen Winter bekommen. Den Friseurbesuch habe ich immer wieder hinausgeschoben. Wenn ich zu Hause war, habe ich lieber geschlafen. In letzter Zeit bin ich schwer aus dem Bett gekommen, am liebsten wäre ich einfach bis zum nächsten Dienst liegen geblieben. Das Einzige, was mir noch Freude gemacht hat, war das Onlineshoppen. Ein schönes Paket vor der Tür ist ein guter Grund aufzustehen. Na ja, und schön ist es schon auch gewesen, die Sachen dann auszuführen. Den Kamelhaarmantel vom Secondhand-Versand zum Beispiel. Und den roten Kaschmirschal. Die neue lila Mütze, und eben die Winterjacke, für den Sport. Wofür arbeite ich schließlich? Damit ich mir auch mal was leisten kann. Das Schifahren wieder anfangen, zum Beispiel. Stattdessen muss ich jetzt zum Lungensport. Wie das schon klingt! Lungensport, Atemphysio, Sanatorium. Älter werden.

Dabei muss ich froh sein, dass es mir schon besser geht. Vor einer Woche erst fragte ich die Lungenärztin unter Tränen, ob ich Sauerstoff brauche.

»Luftkriegen ist nicht Sauerstoffhaben«, hat sie gesagt. Und: »So schnell erstickt der Mensch nicht.«

Der Bus ist um diese Uhrzeit am Sonntag fast leer. Mein Rucksack hängt schwer auf mir drauf, darin ein ganzes Arbeitsleben. Dieses Jahr kann man am Weiher sogar eislaufen. Als mein Bus vorbeifährt, machen sich gerade die Letzten auf den Heimweg. Wenn ich weg von hier muss, werde ich die Gegend vermissen. Auch wenn es eine Dienstwohnung ist, war es doch meine Wohnung, mein Zuhause, und auch wenn ich in letzter Zeit wenig daraus gemacht habe, weil ich zu müde dafür war, habe ich doch hier gelebt, morgens die Wildgänse über den Weiher fliegen gehört und abends ihren Gestank gerochen.

Wenn ich daran zurückdenke, was passiert ist, fühle ich mich immer noch wie im Schock. Dabei ist es doch Frau Schwartz gewesen, die den Schock hatte. Schwartz mit tz. Alle Tage hat man sowas nicht: Am 8. Dezember ist auf der Station eine Namensgleichheit aufgefallen. Ich bin keine Anfängerin, ich habe sofort gewusst, dass das eine Fehlerquelle ist, und habe mir vorgesagt: Schwartz mit tz, Schwarz mit z. Es war mir vollkommen bewusst. Seither frage ich mich Tag und Nacht, wie das sein kann: dass der Mensch etwas weiß und es trotzdem vergisst. Müdigkeit und Unkonzentriertheit, geschenkt. Dass du in zwölf Stunden Dienst mal dringend aufs Klo musst, dass du zu wenig trinkst, vielleicht auch deswegen nicht mehr ganz bei Sinnen bist, das kommt vor, bei allen, immer. Das kann keine Ausrede sein.

Sicher ist: Ich war abgelenkt von dieser perfekt gemachten Föhnfrisur, mit der Frau Schwartz mit tz mit der Rettung von der Dinnerparty bei ihr zu Hause in die Erstaufnahme und danach zu uns auf die Station gekommen ist, nachdem ihre starken Unterleibsschmerzen eingesetzt hatten. Sicher ist auch: Sie trug diesen knallroten Lippenstift noch, als sie bei uns ankam, und zu dem schwarzgefiederten Pullover mit der weißen Perlenstickerei passte der genauso wie die unübersehbare Schmerzblässe im Gesicht. Für uns im Krankenhaus sind Lippenstift und Nagellack ein Hindernis. Wir sehen nicht, ob die Lippen bläulich verfärbt sind und wie es um die Durchblutung in den Füßen steht. Es störte mich, deshalb habe ich hingesehen, weil das zu meiner Arbeit gehört, vielleicht. Sicher ist, ich war abgelenkt, und sicher ist auch, ich musste seit Stunden aufs Klo. Aber ist Frau Schwartz jetzt vielleicht auch noch daran schuld? Ich bin schuld, ich allein. Auch wenn ich noch so oft hoffe, einzuschlafen und mit der rettenden Idee aufzuwachen, warum ich erlöst bin: Diese Idee gibt es nicht.

Die frisch aufgenommenen Patienten brauchen immer etwas Zeit, bis sie sich akklimatisieren, und manchmal, wie bei Frau Schwartz, muss es schnell gehen. Das Ablegen der Kleidung, das Abschminken, das Abnehmen der Ringe und Uhren, das Abwaschen von allem, was draußen brauchbar gewesen ist und hier nur stört. Manche haben einen Unfall gehabt und sind dreckig, andere sind schon im Bademantel hergekommen. Alle sind immer unpassend angezogen, es gibt keine richtige Privatkleidung für diese Institution, und ich habe oft erlebt, was mit den Patienten geschieht, wenn sie erst das Richtige anhaben. Als könnten sie sich erst fügen, wenn man sie ihrem *Davor* enthoben hat.

Während sich die Neuaufnahmen in Patienten verwandeln, wird die Kurve erstellt. Alle Daten, die vorhanden sind, werden in die Maske eingegeben, danach ist jede Rubrik befüllt und alles, was wesentlich ist, verzeichnet. Name, Alter, Geschlecht, Diagnose, medikamentöse oder operative Maßnahmen, Therapieplan. Die Aktivitäten des täglichen Lebens, wie sich pflegen, bewegen, für Sicherheit sorgen, werden hier ebenso dokumentiert, wie eingetragen wird, welche Diät verabreicht wird, ob es darüber hinaus Besonderes zu vermerken gibt, und das Wichtigste: Unverträglichkeiten und Allergien.

Zugleich bekommen die Patienten ihr Bett, wenn nötig, werden sie gelagert. Man misst Blutdruck und Temperatur, sie bekommen etwas zu trinken oder eine Infusion. Für jeden Handgriff wird ein Häkchen gemacht. Alles zusammen ist wie ein Willkommen. Von jetzt an gehören sie uns, und alles, was sie tun und zu sich nehmen oder verweigern, ob sie stürzen oder gut schlafen, Schmerzmittel brauchen oder später zu Hause allein sein werden, wird abgehakt und verzeichnet.

Vielleicht habe ich überlegt, ob Frau Schwartz an diesem Abend mit ihrer vorweihnachtlichen Festgesellschaft überhaupt dazu gekommen ist, ihre Gäste zu begrüßen, ehe sie schmerzgekrümmt zu Boden sank. Vielleicht dachte ich darüber nach, ob das in der Küche geschah, oder vor allen anderen. Ob sie einen Vogel im Rohr hatte, oder ein Catering bestellt. Vielleicht, ich kann es nicht sagen, ist es das, worüber ich nachgedacht habe, als ich das Novalgin aufzog und mit der einen Hand noch einmal die ärztliche Anweisung auf dem Display überprüft habe: *Schwarz mit z, Allergien: keine.*

Dass ich dann reglos danebenstand, hätte niemals passieren dürfen. So ein Schock sieht schnell einmal schlimm aus, was ich wissen hätte müssen, was mich nicht erschrecken hätte dürfen. Frau Schwartz lief sofort dunkelrot an. Als sie mir in die

Augen starrt und die Hand zur Kehle führt, die augenblicklich anschwillt, und ihr krampfender Blick auf die Stelle fällt, wo die Infusionsnadel in ihrem Körper steckt, fasse auch ich mir an die Kehle und spüre, wie die Gewissheit über meinen Fehler mir durch die Brust fährt, sodass es mir unmöglich ist, auszuatmen. Ich stehe vor ihrem Bett und spüre den Druck in meiner prallgefüllten Lunge, als wäre ich es, die nicht atmen kann. Ich erinnere mich nur an ihr geschwollenes Gesicht, das jetzt rötlich blau ist, und dass ich auf die Einstichstelle starre, die Aufschrift auf der Ampulle lese, gerade noch fähig, zu begreifen, dass z nicht tz ist und dass bei tz eine Medikamentenallergie vorliegt, nur eine einzige, nämlich die gegen den Wirkstoff, den ich gerade verabreicht habe. Dann drücke ich den einzigen Alarmknopf, den ich von meiner Position aus erreiche, den Herzalarm.

Einatmen, ausatmen. Am schwersten in diesem Rucksack wiegen die elenden Schuhe. Ich will jetzt einfach in die Wohnung, den Rucksack abschnallen und die letzten Sachen zusammensuchen.

Morgen zur Kontrolle in der Lungenambulanz werde ich nur das Nötigste mitnehmen und dann direkt auf den Vater warten. Als ich ihn letzte Woche am Telefon bat, mich nach der nächsten Kontrolle zu holen, hat er sofort Ja gesagt. Es war ein knappes Gespräch, wie immer mit ihm. Vielleicht war er einfach überrascht. Ich hätte auch nicht gedacht, in meinem Alter noch einmal in diese Lage zu kommen, aber seit ich diese ständigen Erstickungsanfälle habe, ist das Gefühl, Mutter zu brauchen, stärker als jemals zuvor. Das alles habe ich nicht gesagt. Ich habe gesagt, dass ich eine Auszeit brauche, und ob ich für einige Zeit zu ihnen kann.

Vielleicht war es auch der bescheuerte Engelbert-Strauss-Schuh. Wer kommt überhaupt auf die Idee, Arbeit mit Sport zu verbinden? Vielleicht war es das, diese fürchterliche Druckstelle vorne an der großen Zehe, die mir den ganzen Dienst über schon zu schaffen gemacht hat. Vielleicht hab ich auch an Johannes gedacht, an sein Gesicht vom Vortag, als ich ihn in der Garderobe gerade noch rechtzeitig von mir geschoben habe, bevor der Efferer kam. Hoffentlich habe ich nicht an Johannes gedacht. Vielleicht habe ich an Marie gedacht, seine Familiensonntage und das Baby. Den südafrikanischen Maskenweber und seine Nester. Vielleicht habe ich tatsächlich gerade an das knallgelbe Gefieder des Vogels gedacht, als ich das Novalgin verabreichte. Vielleicht, denke ich jetzt, habe ich darüber nachgedacht, ob der Maskenweber nur glücklich ist, wenn er zu tun hat. Hätte er das nicht mit den meisten gemeinsam? Kenne ich jemanden, der nicht Masken webt?

Ja, es war ein Fehler. Früher im Leben hat es einmal geheißen, Fehler passieren. Sogar in der Lehre im Autohaus hat es das geheißen. Aber eben nicht zwei Fehler hintereinander. Unverträgliches Medikament plus Herzalarm. Da ist auch der eigene Schock keine Ausrede mehr, schon gar nicht für Asthmatiker wie mich, die es gewohnt sind, keine Luft zu kriegen. Es gibt ja auch Apnoetaucher, die unter unmöglichen Bedingungen alles richtig machen, ohne zu atmen! Ja, es gibt immer Bessere. Unter den Vögeln kann nicht jeder ein Maskenweber sein. Es gibt auch Amseln und Krähen und all die unnützen Meisen, tausendfach mausgraue Meisen gibt es auf dieser Welt.

Dass der falsche Herzalarm Frau Schwartz eventuell gerettet hat, ist natürlich weder im Akt noch in der Doku oder im finalen Bericht für das Arbeitsgericht ein Thema gewesen. Es war natürlich ausgerechnet der Efferer, der mit breiter Brust das sofortige Vorbereiten des rettenden »Suprablitzes« angeordnet hat, die Adrenalin-Kochsalz-Zusammensetzung gegen den allergischen Schock. Der Suprablitz ist seine Aufgabe, der Schockknopf wäre meine gewesen. Diesen Schockknopf hätte ich, um notärztliche Hilfe herbeizuholen, anstelle des Herzknopfs drücken sollen. So oder so hat der Suprablitz augenblicklich Wirkung gezeigt, die Gefäße haben sich geöffnet, bis Herz und Lunge stabil waren. Trotzdem. Und das ist es auch, was sinngemäß im Schreiben der Beisteiner gestanden ist: *trotzdem*. Frau Schwartz hätte sterben können. Wenn es blöd gelaufen wäre, hätte der Efferer um die Ecke biegen und gleich noch einmal das Falsche tun können. Der Herzalarm hat schnell Hilfe geholt, schnell genug, um Frau Schwartz zu retten. Trotzdem war der Herzalarm falsch. Auch wenn er richtig war, war er falsch.

4

Der Vater hat diese schlecht zusammengewachsene Narbe zwischen Oberlippe und Nase länger, als es das Wort *Lippen-Kiefer-Gaumenspalte* gibt. Er ist ein großer, breitschultriger Mann, in seinem Strickpullover hängen Sägespäne, und wenn er geht, schwankt er mit den schmerzenden Knien wie ein alter Baum im Sturm. Für den Vater gibt es zwei Arten von Glück: die leise Freude, wenn zu jeder vollen Stunde ein Singvogel aus der Vogeluhr in der Werkstatt zwitschert, und die stumme Zufriedenheit über alle möglichen Arten von Arbeit. Dass das heimische Vögel sind, darauf legt der Vater, der sich ansonsten mit seiner ornithologischen Leidenschaft eher zurückhält, besonderen Wert. »Da siehst du, wie schön es bei uns ist«, hat er oft gesagt, wenn die Blaumeise oder die Kohlmeise oder der Buntspecht sang, während ich in der Werkstatt saß und die Vögel mit den Jolly-Buntstiften abmalte, Zinnoberrot und Goldocker, Smaragdgrün und Fleischfarbe.

Der Vater und ich haben einander so lange nicht gesehen,

dass wir beide erschrecken, als er mit dem alten Suzuki auf dem Krankenhausparkplatz auf mich zurollt. So wollte ich das ja. Ich wollte nicht, dass er mich zu Hause abholt, weil ich fürchtete, zu weinen. Wahrscheinlich werde ich so bald nicht zurückkommen. Schon durch das Autofenster sehe ich, dass er alt und fahl aussieht, zusammengefallen.

Als der Vater mich zuletzt sah, trug ich den teuren Hosenanzug, war frenetisch verliebt in Johannes und offenbar tatsächlich der Meinung gewesen, das alles führe irgendwann irgendwohin. Was genau ich mir ausgemalt habe, weiß ich nicht mehr. Oder es war vielleicht auch nichts, und ich war nur verrückt genug, zu glauben, dass irgendwann alles gut werden würde, freilich ohne zu wissen, was genau das hieß: gut werden.

Vater kommt mit dem alten Suzuki neben mir zum Stehen. Den krachenden Motor stellt er nicht ab. Er greift herüber, um mir die Tür zu öffnen, mustert mich, mein spitz gewordenes Gesicht unter der Kapuze und die spärlich befüllte Nike-Sporttasche, in der alles ist, was ich brauche.

»Ich dachte, es ist für länger?«, schreit er gegen das Knattern des Motors.

Das Auto stinkt, ich halte mir den Ärmel vors Gesicht. Wer beim Einsteigen noch nicht lungenkrank ist, wird es während der Fahrt. Als er losfährt, drückt er aus Gewohnheit den Zigarettenanzünder hinein. Weil er nicht weiß, was er mit mir reden soll, angelt er sich eine Memphis aus der Brusttasche, wie er es immer gemacht hat. Der Anzünder springt geräuschvoll wieder heraus.

»Ist es auch«, sage ich, nehme den Anzünder und stecke ihn wieder hinein. »Es ist für länger. Erst einmal ist es sogar für überhaupt.« Den Zigarettenanzünder schaut er an, als hätte ich ihm was weggenommen. Ich schnaufe tief: »Ich bin knapp am Sauerstoff vorbei.«

Ihm kann ich das zumuten, er ist Hypochonder, übertreibt alles. Ich denke noch immer an all diese Menschen auf der Lungenstation, auch jüngere als ich, die dort mit ihren Sauerstoffflaschen herumsitzen, schwitzende Menschen, Menschen mit großem Durst, Menschen mit leerem Blick, Menschen, die nicht sprechen können, aber den Zeigefinger auf dem Haltegriff des Rollstuhls heben, wenn sie die Schwester brauchen. Zu diesen Menschen habe ich auf einmal gehört, mit ihnen bin ich gerade noch in den Gängen gesessen, auf einmal war ich nicht mehr die, die herbeigeeilt ist, sondern die, die die Hand nach der Schwester hob.

»Bei uns ist eine gute Luft«, sagt der Vater und steckt die Zigarette weg.

Es ist wie immer zwischen uns: Ich rede, aber es ist umsonst. Die spärliche Sprache, die sie mir beigebracht haben, verstehen sie nicht. Auf meine Krankheit ist er höchstens neidisch. Wenn ich Asthma habe, hat er ein Lungenemphysem. Also vermeide ich, ihn zu fragen, wie es ihm geht. Und er, beleidigt und gehemmt, fragt auch mich nicht. Lieber erkundigt er sich nach Handfestem. »Und deine Wohnung?«

»War von der Arbeit«, sage ich.

Schweigend fahren wir aus der Stadt hinaus. Ich lasse meine Kapuze auf und sage nichts, als er zweimal bei dunkelgelb Vollgas gibt. Der Vater ist ein praktisch veranlagter Mensch. Ich weiß, dass es jetzt in seinem Kopf rattert: Wer räumt die Wohnung aus? Wie, und vor allem wohin will ich übersiedeln? Aber er sagt nichts, kein Wort.

Jetzt rücken die Berge schon näher. Alles, was ich hier sehe, kenne ich. Die nassen Felsen, durch die sich Tunnel nach Tunnel bohrt, die steilen Wände, die kargen Überbleibsel von Bäumen, dürre Äste, die sich dem rauen Klima zum Trotz gen Himmel recken.

»Wie geht es Mama?«, frage ich, ich muss ja was fragen. »Und David?«

Ich weiß natürlich, dass er über David keine Auskunft geben kann. Selbst, wenn er David gestern besucht hätte, wüsste er nicht, was er sagen soll. »Redet ja nichts«, hat er früher oft geantwortet, wenn er nach seinem Sohn gefragt wurde.

Der Vater ist alt geworden. Er fährt mit beiden Händen am Lenkrad, bei 80 oder 130, den ewig gleichen Hunderter. Dabei zeigt er jedem, der ihn irgendwie ungut überholt, ob das nun ein Münchner Maserati mit 160 ist oder ein Basecap-Träger mit getuntem Volkswagen, den Vogel.

»Erzähl ich dir daheim«, sagt er.

Erzählen, sagt er wirklich. Ich mache die Augen zu.

So war das immer: Die Gegend nimmt mir die Luft. Die Tunnel haben wir hinter uns gelassen, allmählich tauchen in der Ferne die Dorfkerne auf. Darüber spannt sich stechend weiß der Winterhimmel.

Jetzt mündet die Autobahn in die Schnellstraße. Unterhalb der Schnellstraße liegt Mitterberg. Unten in Mitterberg ziehen sich die Bahngleise durch den Bahnhof weiter in die Täler hinein. Ausgerechnet jetzt fällt mir das Warnschild dort unten ein: *Das Überschreiten der Gleise ist verboten*. Das schwarze Männchen, das mit weit ausgestreckten Armen davorsteht. Eine Warnung wegzubleiben, die aussieht wie die Aufforderung herzukommen.

Neubau-Cluster, die in Schweinchenrosa in den Nadelwald hinaufkriechen. Linker Hand auf der Anhöhe die Bezirkshauptstadt mit ihrem Dom. Fabrikhallen, Firmengebäude, Autohäuser. Der *Russenfriedhof* und die brachliegenden Hügel und Wiesen rundherum. Es gibt immer noch keine Erinnerungstafel, dafür gibt es ein riesiges Hinweisschild auf LKW-Stellplätze und ein Symbolbild dazu. Entlang der kurvigen Bundesstraße werden die Kreuze, die an die Verkehrstoten erinnern, mehr. Die hässlichen Schriften auf den Firmengebäuden: *Autoteile, Reifen, Farben, Lacke*. Alles ist zweckmäßig. Jeder Anflug von Schönheit ist schwul, alles Liebe weinerlich.

Der Kreisverkehr an der Ortseinfahrt Schwarzbach ist jahrzehntelang im Tageslicht verblasst. Ein bauliches Verbrechen aus rostig violettem Aluminium. Linker Hand schiebt sich der große Berg in unseren Blick, der von Oktober bis März den großen Schatten über das Tal wirft. Heu-kar-eck, kann ich seinen Namen nicht denken ohne das, was ich als Kind immer dachte: Unter dem Heukarren ist einer verreckt.

Weil ich die Augen wieder schließe, sehe ich nicht: die Zeltspitzen der angrenzenden Schitourismusdörfer. Das Schild *Bitte, nicht so schnell*; die Ortseinfahrt *Schwarzbach*; zwei spielende Kinder aus den Achtzigern auf dem Hinweisschild; den haushohen Hundezwinger mit den zwei schwarzen Dobermännern darin, die im Dreck an der Schattseite des modrigen Hanglagenverschlags innehalten und glotzen; den Mann in der wadenfreien Hose, der in weißen Tennissocken und dunkelblauen Schlapfen mit abgewetztem Hosenboden vor dem Hendlgrill im Schneematsch steht; die Ortsausfahrt Schwarzbach und die löchrige Straße, die gerade von zwei Mitarbeitern der Straßenmeisterei geteert wird. Kurz glaube ich, den Duft von Waffelbruch zu riechen. Dann geht es hinauf nach Hofmark.

»Der Wirt hat beim Kartenspielen eine Geiß verspielt«, sagt der Vater, als hätten wir die ganze Zeit über Gott und die Welt geplaudert. »Jetzt hat der Potutznik das Tier stehen und sucht wen, der darauf schaut.«

Bin ich jetzt Tierpflegerin? Es ist erstaunlich, wie wenig ein Mensch kapieren kann. Der Vater glaubt, ich bin zum Arbeiten da. Der Vater glaubt, mich interessiert, was der alte Antiquar Aurel Potutznik für Probleme hat. Ich hätte deutlicher sein sollen, übertreiben: Meine Lunge ist kollabiert. Aber wie erklären, dass ich keine Luft kriege, wenn ich mich schon wieder so aufrege, dass ich keine Luft kriege.

Ich schüttle nur den Kopf.

»Stehen kann sie beim Potutznik«, sagt er, weiter ganz unbekümmert. »So eine Geiß macht wenig Scherereien. Zur Not frisst sie auch mal die Zeitung.«

Dann passt sie ja gut hierher, denke ich.

Den langen Atem lernen, hat es bei der Lungenärztin geheißen.

»Jedenfalls hab ich ihm gesagt«, redet er weiter, »dass du zur Erholung kommst. Und ein bisschen Ablenkung gebrauchen kannst.«

»Außerdem«, ich kann nur noch den Kopf schütteln, »eine Geiß *verspielt*! Nur weil bei euch alles unter einer Kuh nichts wert ist, spielt man jetzt um das Kleinvieh, oder wie?«

»Bei euch«, wehrt der Vater ab, »bei euch«, wiederholt er. »Ja, sicher, worum soll der Wirt spielen, wenn er sonst nichts mehr hat!«

Als ich die Augen aufmache, sind wir oben in Hofmark. Hier ist der Himmel gleich höher. Der See an manchen Stellen noch gefroren. Hinter dem See thront weiß das Schloss. Das vordere Ufer liegt im letzten Licht des Tages. Wir fahren daran entlang. Die Badeanstalt, der Steg, für touristische Augen muss das pittoresk aussehen. Die Gäste wissen ja nicht, wer hier schon alles ersoffen ist.

Der lange Schatten des bewaldeten Hügels links von uns wölbt sich bis über die Straße und das längst geschlossene Seerestaurant. Hinter dem Wald auf dem Hügel ist unser Haus. Es weckt versöhnliche Gefühle in mir, wie unverändert alles hier ist. Als hätte es auf einen gewartet, während man selbst gelebt und die Dinge verschissen hat.

Hier muss etwas passiert sein, über das gesamte Ufer ist ein Absperrband gezogen, etwas ist vermessen worden.

Ich frage: »Ist wer eingebrochen?«

Er sagt: »Jedes Jahr bricht wer ein.«

Ich sage: »Wer?«

Er schaut mich an, als wäre er überrascht, dass ich mich dafür interessiere. »Dem Hochleitner sein Schwiegersohn, mit dem Moped.«

Ginge es mir gut, hätte ich jetzt viele Fragen. Der Hochleitner ist so alt wie ich, es sei denn, er meint den Alten. Aber was kümmert es mich, ich kenne sowieso keinen mehr. Der Vater fährt an den Straßenrand, um den schwarzen Astra-Kombi aus der Stadt vorbeizulassen. Der Astra fährt im Schritttempo an uns vorüber, streift dabei aber Vaters Suzuki am Seitenspiegel, sodass dieser sich krachend löst.

Der Vater flucht, stellt den Motor ab und befreit sich energisch von seinem Gurt. Der andere kommt schon zu Fuß auf uns zu, der Vater kurbelt die Scheibe herunter: »Ja haben's dir ins Hirn geschissen?«, schreit er durch das halbgeöffnete Fenster.

Ich möchte sterben.

»Entschuldigen Sie«, sagt der Mann, ein Mittvierziger, sehr groß, erkennbar nicht von hier, erkennbar irritiert.

»Ja, hast du Augen im Kopf, oder wie geht es dir?«, schreit der Vater.

Ich sage, dass er aufhören soll, es sei doch gar nichts passiert. Ich sage nicht: Als wäre das bei seinem Auto nicht längst egal.

Natürlich ist es ihm überhaupt nicht egal, der Vater pflegt ja die Dinge mehr als jedes Lebewesen. Wichtigtuerisch steigt er aus und nimmt den alten Spiegel entgegen, der ohnehin nur noch an Lötstellen gehangen ist. Der Städter muss ein bisschen grinsen.

»Also, bei mir fehlt nichts«, sagt er zum Vater.

»Jetzt steig ein, Papa«, sage ich.

»Gib mir dein Handy«, sagt er zu mir.

»Mein Handy ist aus.«

»Ich mach ein Foto und schick es Ihnen«, bietet der Städter sich an.

Als das endlich erledigt ist und dem Vater nach einer Ewigkeit einfällt, wie seine Handynummer geht, steigt er endlich wieder ein.

Im Rückspiegel sehe ich den Städter winken, bevor er in sein Auto steigt. Der Vater hebt nur das Kinn, während er mir den Seitenspiegel in den Schoß legt und davonfährt.

5

Als wir das Haus betreten, rieche ich sofort, dass etwas nicht stimmt. Abgestandener Rauch und die Abwesenheit von Kochdunst und Lavendelreiniger. Hier ist jemand allein. Keine Spur von Parkettpolitur und Bügelwäsche. Jetzt ist mir auch klar, wieso er so verwegen ausschaut: Das ist Vernachlässigung.

»Ist Mama nicht da?«, frage ich, als die Haustür mit diesem lauten Krachen hinter uns zufällt, das mir seit meiner Kindheit vertraut ist. Durch das Glas der Eingangstür, die zur Wohnung der Eltern führt, schaue ich ins Dunkle.

»Wo ist sie?«, frage ich.

»Ich wollte es dir sagen, aber ich habe nicht gewusst, wie«, sagt er.

»Sag es einfach, das wäre eine Möglichkeit.«

»Deine Mutter ist weg«, sagt er und nimmt endlich diese schmierige Kappe ab, die er sich für den Weg vom Auto zum Haus aufgesetzt hat. Er wischt sich mit dem Handrücken über die Stirn.

Ich muss mich auf die Treppe setzen, mir ist schwindlig.

»Wie weg?«

»Sie ist ausgezogen.« Er sagt das so, dass ich höre, er sagt es zum ersten Mal, wahrscheinlich auch zu sich selbst. Jetzt sieht er erschrocken aus.

»Wann?«, sage ich.

»Ich … weiß es nicht genau. Vor ein paar Wochen.«

»Du weißt es nicht genau? Wie kann man das nicht wissen?«

»Himmelherrgott, ich zähle auch nicht die Tage! Ich glaube, sie ist in Italien.«

»Du glaubst, sie ist in Italien.«

»Ich glaube, sie ist in Rom. Sie hat zum Spinnen angefangen, ich weiß auch nicht genau, angefangen hat es damit, dass es geheißen hat, im Jänner sperren sie die Firma zu.«

»Im Jänner sperren sie die Firma zu? Seit zwanzig Jahren sperren sie die Firma zu! Was geht die Mama das an?«

»Ihre Freundin, du weißt schon, die Inge, die von der Verpackung. Die hat angefangen damit, dass sie zur Bahn geht.«

»Zur Bahn? Wo sie einen mit vierzig in Pension schicken?«

»Die haben komplett zum Spinnen angefangen, die Inge und sie. Und deine Mutter wollte das auch, nur ist das bei ihr schneller gegangen, als sie geglaubt hat. Also ist sie zu dieser Privatbahn, die haben dringend Personal gebraucht. Sowas macht ja keiner, die haben Dreimonatsverträge, ohne jede Absicherung, wer tut sowas? Mit allem Möglichen ist sie dahergekommen. Dass sie ja nie Auto fahren gelernt hat, und das sei jetzt *die* Gelegenheit, noch herumzukommen, einen Beruf zu haben, was zu sehen von der Welt. Lauter so Blödsinn.«

Er wirkt auf einmal sehr schwach. Entweder, er ist gelb, oder das ist das Glas dieser Tür. Sein Verfall ist vorangeschritten, weil er seit Tagen und Wochen nur Dosensuppe isst, raucht wie ein Schlot und mit niemandem spricht. Freiwillig isst er kein Obst und Gemüse, Obst und Gemüse ist für den Vater Tierfutter.

»Und David?«, sage ich und hasse mich für diese Frage, hasse mich dafür, dass ich denke, Mama soll sich hier anketten, weil David im Heim ist.

Die vielen Anrufe fallen mir ein, die ich nicht entgegengenommen habe. Ich dachte, sie wollte nur fragen, wie es mir geht, und darauf hätte ich nichts zu sagen gewusst. Auf die Idee, dass sie mir etwas erzählen will, wäre ich gar nicht gekommen.

Mit einem Mal bin ich so erschöpft, dass ich gar nicht mehr aufstehen will. Am liebsten würde ich einfach hier sitzenbleiben, mit der Sporttasche zu meinen Füßen, und einschlafen. Vor Anstrengung ist mir schlecht. Ich bin gekommen, damit die Eltern sich um mich kümmern. Stattdessen haut Mama ab, und Papa ist gelb.

»Das musst du dir vorstellen«, sagt er immer wieder, »und mich lässt sie einfach allein!«

»Dich? Du bist erwachsen! *Ich* bin krank«, höre ich mich sagen.

»Ich bin *alt*!«, schreit er. »Wer weiß, wie lange es noch geht mit mir! Ich könnte alles Mögliche haben, ich geh ja nie zum Arzt. In mir tickt schon die Zeitbombe.« Er tippt sich mit dem Finger gegen das Herz, aber ich höre nur leise den Singvogel, der zur vollen Stunde aus der Uhr in der Werkstatt springt.

Mit demselben Finger tippt er sich jetzt gegen die Stirn: »Zwei Monate Ausbildung, stell dir das einmal vor!« Er tippt fester, sodass ihm auf der Stirn ein roter Punkt bleibt. »Die hat sogar gezahlt dafür! Für diese *Ausbildung*. Und das mit 62!«

»Da arbeiten viele noch, Papa, das ist heute ganz normal«, sage ich erschöpft.

»Aber nicht, wenn der Mann alt ist und man alles zurücklässt, das tut keiner.«

»Du hättest sie nicht gehen lassen dürfen«, sage ich, aber ich höre selbst, wie hilflos das klingt.

»Ich brauche vielleicht bald Pflege«, sagt er leise, »jemand wird mich wenden müssen.«

»Bitte, Papa«, sage ich leise.

»Wie altes Obst werde ich herumliegen, zum Plafond hinaufglotzen und verfaulen.«

»Du arbeitest doch den ganzen Tag! In sechs Stunden liegt man sich nicht wund.«

»Ihr werdet euch noch anschauen! Lange dauert es nicht mehr mit mir, und dann wird die Mama bereuen, dass sie einfach gegangen ist. Ewig wird sie sich Vorwürfe machen, das wird nicht schön. Ganz und gar nicht schön, hässlich sogar, sehr hässlich ist das, wenn Frauenleben so enden.«

Die Einliegerwohnung im ersten Stock hat der Vater für Fremde renoviert, für Unbekannte, für Gesichtslose, und das sieht man ihr an. Ich weiß nicht, an wen er gedacht hat, wer hier einmal einziehen und bleiben sollte. Ein Geschiedener vielleicht, wer sonst sollte das hier sein, der in einer Wohnung wohnt und nicht in einem Haus.

Jetzt bin ich hier, so haben sie sich das bestimmt nicht vorgestellt. Außer vielleicht ganz früher, als es noch Hoffnung auf einen Schwiegersohn und Enkelkinder gab.

Ich kann kaum noch stehen. Ich weiß, dass meine Lippen wieder blau sind. Ich werde inhalieren müssen, den handlichen Pari-Boy-Inhalator habe ich als mein wichtigstes Utensil eingepackt, dazu Kochsalzlösung in kleinen Ampullen für diese wohltuenden Entkrampfer zum Verdampfen, die einen so schön weich im Hirn machen, dann noch Steroidsprays, Kortisonsprays. Ich werde alles nacheinander nehmen, den Mund ausspülen, ins Bett fallen und Mutter morgen zur Ordnung rufen.

Ich packe den Pari Boy aus, stelle ihn auf den Tisch, rolle die Kabel auseinander, stecke sie an, befülle den Behälter mit der Kochsalzlösung, gebe das gefäßerweiternde Mittel dazu und schalte ein. Schon strömt weißer Nebel aus dem Gerät. An das ratternde Geräusch, das den kalten Dampf produziert, habe ich mich gewöhnt. So lange ist es noch gar nicht her, dass ich geraucht habe, aber daran kann ich nicht mehr denken. Ich schließe die Lippen um das Mundstück, atme ein und aus, unterdrücke den Reiz zu husten und spüre bald, dass es mit jedem Zug leichter wird, dass ich tiefer und ruhiger atmen kann. Das Mundstück immer noch zwischen den Lippen, sehe ich mich um. Alle Dinge in dieser Wohnung sind neu. Alles in einem Weiß oder Hellgrau, aus irgendeinem Billigmöbelhaus. Alles hier sieht aus, als wäre es lieber nicht da. Ich hätte auf einmal große Lust, mir eine Zigarette anzuzünden und den dicken, gelben Rauch gegen die frisch geweißten Wände zu blasen.

Als ich fertig bin, ist es draußen dunkel. Ich stehe noch einmal auf und ziehe die Vorhänge zu, nehme nur noch die Sprays und einen Schluck Wasser aus der Leitung, den ich in die Spüle spucke. Ich ziehe Pullover und Hose aus und lege sie über den Sessel. Ich schaffe es nicht mehr, mir die Zähne zu putzen. Ich schaffe es nicht einmal mehr, den BH oder die Socken auszuziehen, und lasse mich jetzt unter der kühlen Decke, die langsam warm wird, von der wuchtigen Erschöpfung übermannen, die ich schon kenne, die immer am frühen Abend kommt, lange bevor der Tag zu Ende ist.

Ich träume, dass ich mit fremden Menschen in einem abgedunkelten Zimmer liege. Wir sind Patienten in einem Krankenhaus, vier Betten. Unser Zimmer ist eingeschränkt betrieben, das Licht ist aus, bis auf die lebenserhaltenden Geräte, sie leuchten blau, grün und rot. Möglicherweise gibt es nur dieses eine Zimmer, und rundherum ist überhaupt kein Krankenhaus. Ich kann die anderen nicht fragen, ob hier noch jemand kommt, die anderen sind alle im Tiefschlaf. Das sehe ich, das höre ich an dem gleichmäßigen Luftstrom ihrer Beatmungsgeräte. Ich liege in einem der Betten. Es vergeht viel Zeit. Wenn es ein Draußen gibt, dringt von dort kein Geräusch herein. Irgendwann ist es so lange gleich dunkel hinter den Fenstern, dass ich ins Zweifeln gerate, ob es jemals hell wird. Es vergeht sehr viel Zeit. Ich beobachte die Vitalfunktionen der anderen. Dann kommt doch noch eine Schwester. Ich freue mich, ich werde mich als Kollegin vorstellen, sie wird alles aufklären können. Aber ich kann nicht sprechen, ich merke erst jetzt, dass ich selbst einen Schlauch im Hals habe. Die Schwester legt mir eine kalte Hand auf die Stirn und sagt, dass es ihr leidtue, aber dass ich jetzt wirklich die Letzte sei und dass das so keinen Sinn habe. Ich will mich wehren und ihr alles erklären, ich habe doch gar nichts, das sind nur Atelektasen, ich bräuchte diese Beatmung nicht! Außerdem bin ich nicht die Letzte, da sind noch andere. Wortlos, nur mit den Augen muss ich die Schwester überzeugen, aber die gibt mir gleich eine Spritze in den Oberschenkel, damit ich schnell einschlafe. Ich schlafe ein, spüre mich ein paar Stockwerke fallen, schlafe sehr tief, bin aber trotzdem noch da. Ich bin in dem Zimmer und kann alles sehen, was sie jetzt tut. Wie sie von einem Bett zum anderen, von einem Patienten zum nächsten geht und einen nach dem anderen abschaltet. Bis sie an meiner Bettkante steht.

6

Am Morgen wache ich in dem kühlen Zimmer zwischen der gestärkten Bettwäsche auf und weiß für einen Augenblick gar nichts. Ich spüre meinen Körper nicht, habe keine Gedanken. Dann fällt mir mein Handy ein, das noch ausgeschaltet im Seitenfach der Sporttasche steckt. Ich will nicht wissen, was drauf ist. Wenn eine Nachricht von Johannes drauf ist, würde ich mich ärgern, wenn nicht, ebenfalls.

Nachdem ich meine morgendliche Inhalation im Bett beendet habe, lasse ich das Gerät noch ein bisschen ins Leere laufen, damit die Schläuche trocknen. Als ich ausschalte und es still wird, höre ich von Weitem eine Motorsäge und mit ihrem Lärm auch den Vorwurf: Der Vater braucht mehr Holz, jetzt, wo das Kind aus der Stadt hier ist. Weil mir immer kalt ist. Jahrelang ist er mit der Axt ins Holz gegangen, wenn ich zu Besuch war, immer schnaufend, mühselig, als hätte ich nicht gewusst, dass er froh ist, wenn er etwas zu tun hat und nicht mit uns am Tisch sitzen muss. Jetzt wundere ich mich, ob er es sein kann, ob er tatsächlich auf die Säge umgestiegen ist, und weshalb.

Ich wasche das Mundstück im Badezimmer aus und stelle es zum Trocknen auf ein frisches Handtuch am Waschbecken. Ich wette, diese Handtücher hat Mutter noch eingeräumt, genauso wie sie vor ihrem Aufbruch die Bettwäsche noch gebügelt hat, für Gäste, die niemals kommen. Ich stelle mir vor, was sie alles getan hat, bevor sie gegangen ist. Wie sie immer alles in Ordnung gehalten hat, sich jeden Tag aufs Neue motiviert hat, das zu tun. Sosehr ich mich bemühe, wütend auf sie zu sein, weil ich sie wirklich gebraucht hätte, schiebt sich immer öfter auch ein anderes Bild von ihr in meine Gedanken. Ich sehe sie nicht nur, wie ich sie kenne: bügelnd und schnaufend und trotzdem tapfer lächelnd, diese Tapferkeit, die es vielleicht nur gab, um mir ein schlechtes Gewissen zu machen. Ich sehe sie auch mit dem roten Lederköfferchen in der Hand, das sie von ihren Eltern zum achtzehnten Geburtstag bekommen hat, als es noch hieß, sie würde Stewardess werden. Ich sehe, wie sie jetzt, mit 62, auf einem Bahnsteig irgendwo in Italien steht und auf einen Zug wartet, der eigentlich ihr ganzes Leben lang schon hätte kommen sollen.

Als ich die Wohnung der Eltern betrete, ist es halb neun. Der Vater hat nicht abgeschlossen, vielleicht aus Nachlässigkeit, vielleicht aber auch, damit ich kommen und gehen kann, wie ich will. Wie ich immer in allem leise Zeichen seiner Zuneigung gesucht habe, ja auch jetzt wieder suche. Wie ich mich hier sofort entscheiden muss: Kümmere ich mich um ihn, steige ich ein, oder fordere ich, dass er sich um mich kümmert, und ärgere mich jeden Tag, dass es zu wenig ist. Und wie diese beiden Zustände schwanken, wie unentschieden es ist, wer die Oberhand behält, wer bedürftiger ist oder sein wird. Wie ich bei jeder seiner Zigaretten das Gefühl habe, es raucht der Genuss mit, es mir bald so richtig zu zeigen: wenn er erst gar keine Luft mehr bekommt, wenn er endlich ernsthaft krank wird, wenn er dann der wirklich ärmere Teufel von uns beiden ist. Mir fällt ein, wie ich jahrelang gerührt war, weil er einen Arm um Mutters Autositz legte, wenn er rückwärts aus der Einfahrt fuhr. Ich musste ganz schön groß werden, um zu kapieren, dass er ihren Sitz auch umarmt, wenn sie gar nicht dabei ist.

Er hat sich Mühe gegeben, damit die Stube aussieht wie immer. Trotzdem bemerke ich auf den ersten Blick den braunen Rand unter dem Wasserhahn und das längst überfällige Wettex in der frisch polierten Spüle. Niemals hat der Vater einen Handgriff im Haushalt machen müssen. Ich frage mich, ob er überhaupt gewusst hat, wo das Brot ist.

Ich kann nicht anders, ich gehe durch die Stube, an Esstisch und Küchenzeile vorbei, und öffne die Tür zum Schlafzimmer.

Das Bett ist auf beiden Seiten benutzt. Schnell schließe ich die Tür wieder. Ein ungemachtes Bett am Vormittag wäre nichts für Mutters Augen. Was sie aufrecht gehalten hat, war die Disziplin. Die galt für den eigenen Körper wie für Haus und Garten. Ich habe diese Strenge immer mit Argwohn betrachtet, vielleicht habe ich sie manchmal sogar ein bisschen belächelt dafür. Erst jetzt beginne ich zu verstehen, dass diese Disziplin sie am Leben erhalten hat. Irgendetwas muss ja zählen, um irgendetwas muss es gehen, irgendetwas muss zu erfüllen sein. Erst jetzt begreife ich: Was ich für reine Disziplin hielt, das ist Inhalt. Das sind nicht Margeriten, das ist Wettkampf, und das ist auch keine Wespentaille, sondern der tägliche Sieg über die Mittelmäßigkeit.

Der Vater hat Frühstücksgeschirr bereitgestellt und Brot geschnitten, Orangensaft in ein Glas gefüllt und die Kaffeemaschine schon fertig bestückt, sodass ich nur noch einschalten muss. Unter dem Herd brennt ein gutgemeintes Feuer, nur zwei klägliche Scheite, die die Luft gefressen hat. Das ist typisch für die Eltern: Oben bauen sie die Stromheizungen ein, unten lassen sie alles beim Alten. Der Küchenherd ist noch gut, überheizte Schlafzimmer sind ungesund. Die Zentralheizung, denke ich, ist eine schöne Errungenschaft, und irgendwann wird auch der Vater das einsehen, wenn er bis dahin nicht auf dem Klo festgefroren ist.

Das hat er also lernen müssen mit 65 Jahren: Kaffee kochen. Ich schalte die Maschine ein, mit einem Zischen und Brodeln setzt sie sich in Betrieb. Wie ein warmer Magen lebt dieses Ding, umarmt mich mit seinem Gurgeln, sodass mir auf einmal Tränen in den Augen stehen. Sie wäre doch abgelenkt, denke ich immer noch, und spüre zugleich, wie ungerecht das ist. Wann habe ich mir schon jemals über ihr Leben Gedanken gemacht? Ich dachte immer, dieser rote Lederkoffer, den sie am

Dachboden aufbewahrt hat, sei etwas, das so ganz und gar nicht zu ihr passe. Aber vielleicht, denke ich jetzt, ist er genau das, was ihr entspricht. Wie unfair das ist, dass ich immer noch denke: Sie hat doch ihre Blumen. Sie hat doch das Haus. Das leere Haus, das Haus mit dem Mann draußen bei der Arbeit. Der Mann verheiratet mit der Arbeit, sie verheiratet mit dem Haus. Ist das eine Ehe. Ich denke, dass ich nichts über sie weiß, nur dass sie ausgehalten hat, durchgehalten, bis David und ich groß waren und weit weg, jeder auf seine Art. Was tut es uns denn, wenn sie geht? Nichts täte es uns. Wäre ich nur nicht hier, allein mit dem Vater.

Der Kaffee schmeckt bitter und dünn zugleich. Wie elend das ist, allein hier zu sitzen. Und wie schrecklich es oft war, zusammen hier zu sein. Ohne die beiden fühlte ich mich nie allein, aber unter ihnen war ich oft einsam. Mutter wollte immer alle am Tisch haben. Diese ewigen Spannungen zwischen ihr und mir, die mit den Jahren immer schlimmer geworden sind. Als David dann weg war, als klar geworden ist, dass aus mir was werden muss, weil aus ihm nichts wird. Als nicht mehr geredet wurde, über nichts, schon gar nicht darüber, dass der Betriebsarzt, der damals schon immer mit Alkoholfahne ordinierte, die Gehirnhautentzündung des Bruders einfach *übersehen*, falsch eingeschätzt hat. Ein ganz normales Fieber, »nichts, was ihn umbringt. Das wird schon.«

Ich erinnere mich, dass Mutter, die der Betriebsarzt konsequent Minzi anstatt Hermine nannte, ihm damals, freilich nur in dessen Abwesenheit, widersprochen und den Vater beschwört hat, dass David ins Krankenhaus gehört. Und ich erinnere mich auch, wie der Vater geantwortet hat: »Papperlapapp!«, denn da habe ich dieses Wort zum ersten Mal gehört, und es blieb mir in Erinnerung: wie ein grober Schnitt mit der viel zu großen Schere, mit der Vater Mutter das Wort abschnitt.

Danach machte sich bei uns im Haus eine immer knapper werdende Sprache breit, die sich auf Mahlzeiten konzentrierte, Jahreszeiten, Beerdigungen und Feiertage. Nie ging jemand zu weit, keiner Sprechpause wurde Bedeutung beigemessen. Schweigen war einfach Stille, und Stille war die Abwesenheit von Lärm. Verhandelt wurde nur noch das Offensichtliche: der Garten, die Schnitzelpanier, der junge Hochleitner, der alte Hochleitner, der Marder, die Marderfalle, das Zwölfuhrschlagen, der Pfarrer, die Schimpftiraden des Pfarrers, der Zaunkönig. Bald war es so still, dass man die Vogeluhr bis in die Stube hinein hörte, wenn wir aßen. Allmählich gelang es mir, während des Gesangs der Amsel in Gedanken von dreißig abwärts zu zählen. Das war gut, das war Ablenkung, denn immer, wenn die Eltern einander am Tisch gegenübersaßen, war es, als würden zwischen den Gläsern und den Tellern mit dem Besteck auch die ruhenden Waffen liegen, die den beiden mit den Jahren zu schwer geworden waren, um sie dauernd aufeinander zu richten. Wenn um eins die Amsel endlich das Ende des Essens einläutete, war es jedes einzelne Mal eine Erlösung.

7

Hinter dem Haus steige ich in die Hausschuhe des Vaters. Über dem Rasen hängt dichter Nebel. In seinen Schlapfen gehe ich auf den Schuppen zu. Ich will sehen, ob ich ihn finde, mit ihm reden, gut Wetter machen, sagen: *Irgendwann musst du für mich in die Stadt fahren, die Wohnung ausräumen, den Postkasten leeren, meine Sachen zusammensuchen. Bitte.*

Dass ich ausziehen muss, steht sowieso fest. Auch wenn ich anderswo in der Stadt wieder Arbeit finde, was wahrscheinlich ist: In der Betriebswohnung des Krankenhauses wohnen bleiben kann ich nicht. Vielleicht kann der Vater alles auf einmal erledigen: Sachen holen, Wohnung übergeben, sodass ich einfach raus bin, ohne nochmal hinzumüssen.

Vom Vater keine Spur. In Pullover und Jogginghose friere ich schnell. Es ist eiskalt, das Gras steht in Frosthalmen zum Himmel. Der Garten sieht verwahrlost aus, von den Sträuchern hängen tote Zweige. Alles hier vermisst Mutter. Den Oleander hat sie im Herbst nicht einmal mehr zurückgeschnitten. Neben der Bank an der Hauswand quillt der Aschenbecher über. Über die Trittplatten im Gras gehe ich die letzten Meter auf den Werkstattschuppen zu. Drinnen brennt Licht, die Tür ist nur angelehnt. Es sieht aus, als sei er soeben gegangen, um rasch etwas aus dem Haus zu holen, aber im Haus ist er nicht, auch auf der Kellerstiege brennt kein Licht. Ich ziehe die Tür auf und sehe, dass er eine Arbeit im Schraubstock eingespannt hat, etwas aus Holz, mit Liebe zum Detail hat er Verzierungen eingefräst. Aus dem staubigen Radio auf der Werkbank kommt leicht rauschend ein Schlager.

Ich leb dir nach – du lebst mir vor,
Wir leben auch getrennt d'accord.
Wir passen in die gleichen Schuh',
Was ich auch träume oder tu –
Ich bin ganz ich, ich bin ganz du.

Ich kenne dieses Lied, ich kenne sogar die Sängerin. Vater hat Milva schon früher gemocht. Ich weiß das, weil die Eltern einmal, als wir klein waren, einen Streit über Milva hatten, der etwas mit ihrer Rothaarigkeit und, wie Mutter betonte, ihrer *Penetranz*, zu tun hatte. So leidenschaftlich wie bei diesem Streit begegneten die Eltern einander später nicht mehr oft.

Als ich zurück zum Haus gehe, fliegen drüben auf dem Feld Krähen auf. Von der Motorsäge kein Laut mehr, es ist so still, dass sogar die Flügelschläge der Krähen zu hören sind. Ich gehe unten wieder hinein, durchs Treppenhaus hinauf und ziehe mir oben meine festen Schuhe und den Mantel an. Ich binde mir den roten Schal um und setze die warme lilafarbene Mütze auf. Ein paar Schritte werde ich gehen, ein kleines Stück werde ich schon schaffen, vielleicht begegnet er mir ja unterwegs.

Nachdem ich kontrolliert habe, dass sie sich von außen wieder öffnen lässt, lasse ich die Haustür hinter mir ins Schloss fallen. Ich atme ein und aus. Kurz ein, länger aus. Es tut gut, die Luft in den Lungen und das Blut in den Adern zu spüren. Ich überlebe das.

Mit dem Gehen setzt wie von allein das Denken ein. Oft habe ich auf diese Weise, beim Gehen, nachgedacht, und wenn ich die letzten Jahre nachgedacht habe, dann meistens über die Arbeit. Seit ich aufgewacht bin in dieser vertrauten und doch so fremd gewordenen Umgebung, fühle ich mich zurückgeworfen auf etwas sehr Frühes, und fast ist mir, als müsste ich mich selbst als Kind an die Hand nehmen und trösten, denn der ganze mittlere Teil meines Lebens, die nähere Vergangenheit als Erwachsene scheint nichts mehr zu zählen, seit mein Körper nicht mehr so funktioniert, wie ich will. Ich wurde geboren als Julia Noch, und alles, was ich gelernt, welche Ausbildungen ich gemacht habe, mit wem ich zusammen oder wo ich auf Urlaub war, ist plötzlich vollkommen unwichtig.

Die Ärztin sagt, ich hätte das auch bekommen, wenn der Vorfall mit Frau Schwartz nicht gewesen wäre. Bei der nächsten Aufregung, bei der nächsten Allergie, bei der nächsten Anstrengung hätte ich wieder einen Asthmaanfall gekriegt, und diesmal sei es eben ein schwerer gewesen, und dieser habe wohl die Atelektasen ausgelöst, und niemand wisse, ob diese einmal wieder verschwinden würden und ich so wieder zu mehr Luft käme. Nur dass ich mich so lange nicht erhole, scheint tatsächlich an dem Vorfall mit Frau Schwartz zu liegen, an der *Seele*, wie die Lungenärztin bereits gesagt hat, mehr als an einem Organ.

Seit dem Vorfall mit Frau Schwartz bin ich tatsächlich anders. Was zählt, ist: Sie ist krank, ich bin krank. Sie ist fast gestorben, und auch ich fühlte mich in einzelnen Momenten dem Ersticken nahe. Manchmal bin ich so dankbar, Luft zu kriegen, dass ich weine.

Mir ist schwindlig. Es ist ein Schwindel, aber es ist auch ein kleiner Rausch, ein Sauerstoffrausch, der sich verstärkt, weil ich weitergehe, nicht stehenbleibe, in ihn hineingeraten will. Wenn ich diesen Weg entlang, durch den Bauernhof durch, in den Wald hinaufgehe, fühle ich mich wieder wie damals als Kind. Fast höre ich Davids bloße Füße hinter mir. Hier, vor den hölzernen Ställen des Bauern, sahen der Bruder und ich das Blut aus den Sauen rinnen. Hier gingen wir sommers wie winters vorbei und hindurch, mit nackten Füßen und dicken Stiefeln, frühmorgens und spätabends, schwätzend und verschworen. Der Wald empfängt mich mit gedämpfter Stille. Hier höre ich nicht einmal die eigenen Schritte. Mir wird kurz schwarz vor Augen, und auf einmal ist mir, als wäre da etwas neben mir, etwas Altbekanntes, lange Gewohntes. Eine Mantelseite, die beim Gehen gegen meine Schulter stößt. Die Gestalt des Großvaters, der so oft neben uns diesen Weg gegangen ist, der raue Loden, jahraus, jahrein derselbe Mantel. In meiner Erinnerung ging der Großvater nur zur kalten Jahreszeit mit uns in den Wald. Im Sommer waren wir stets uns selbst überlassen.

Alles ist so schnell gegangen. Von einem auf den anderen Tag bin ich meinen Alltag los. Wenn ich jetzt an die Arbeit denke, fühlt es sich weit weg an. Hineingehen, umziehen, den Kasack und die dazugehörige Hose anziehen, die Utensilien überprüfen: Spatel und zwei Kugelschreiber links, Fieberthermometer und Stauschlauch rechts. Schere, Klemme rechts, Kalender, das kleine Büchlein mit den Medikamenten, die man sondieren kann, die Liste aller Patienten für den Tag links. Tag für Tag. Dienst für Dienst. All die Jahre.

Was hat der Großvater aus meinem Leben noch mitgekriegt? Zuletzt das Autohaus. Wäre es nach dem Großvater gegangen, hätte ich weiter die Schule besuchen sollen. Damit einmal mehr wird aus mir, damit ich mich einmal nicht, wie er, schämen müsste. »Etwas, wo du einen Stift in der Hand hast.« Lebte er noch, würde er mich fragen: »Warum hast du das gemacht? Warum bist du geworden, was du geworden bist?«

Und ich hätte meine Antwort nicht laut sagen wollen. Weil es mich schmerzen würde, das alles herunterzumachen, das Leben hier und meine Herkunft, und damit auch sein Leben und vielleicht sogar ihn. Wenn ich antworten würde: damit das Ganze hier wenigstens einen Sinn hat. Das Leben hier, dieses Dasein, mitten unter euch, weit von der Welt. Damit das alles auch für irgendwas gut ist. Das jedoch würde dem Großvater, der den Weltkrieg überlebt hat, nicht gefallen, denn für den Großvater musste das Leben zu nichts gut sein. Der Großvater musste den Rest seines Lebens nach dem Krieg froh sein, am Leben zu sein, und das kostete ihn mehr Kraft als der ganze Krieg und das Überleben des Kriegs, mehr als der Schulterdurchschuss und das Lazarett, die Gefangenschaft im Norden und die Heimfahrt in den Waggons, Schulter an Schulter mit den Erfrorenen, mehr als das Hausbauen und sogar mehr als die Schichten über die Jahrzehnte im Aluminiumwerk. Wahrscheinlich weinte der Großvater deswegen so viel, weil dieses Frohseinmüssen so anstrengend war. Und vielleicht fehlt mir seine Mantelseite deswegen so, weil sie immer schon mehr mit mir sprach als er, sogar heute noch mit mir spricht.

»Was tust du da?«, sagt der Vater, der plötzlich hinter mir steht, in Strickpullover und Jogginghose, die Motorsäge über der Schulter, rot im Gesicht und schwitzend.

»Was tust *du* denn da«, sage ich, »ich denke, dein bisschen Holz hackst du mit der Axt?«

»Jetzt, wo du da bist, brauch ich mehr. Hab übern Sommer kaum was eingelagert. Außerdem hacken nur Trottel noch mit der Axt, sagt der Hochleitner.«

»Der Hochleitner?«

»Dem der Wald gehört.«

»Ich denke, dir gehört der Wald?«

»Ein bisschen gehört jedem der Wald«, sagt er.

»Soso«, sage ich. Die Eigentumsverhältnisse haben hier immer schon schnell gewechselt, egal ob Wald, Auto oder Geiß.

»Und alles, was der Hochleitner sagt, tust du? Und der Hochleitner zieht auch keine Schutzkleidung an, wenn er ins Holz geht? Passt auch so gut auf, wie sein Schwiegersohn?«

»Aber geh«, sagt der Vater, »ist ja nichts passiert. Der Schwiegersohn ist ja wieder heraufgekommen.« Er lacht.

Wir machen auf dem Weg kehrt, er geht voraus, ich hinter ihm her.

»Und wo ist überhaupt das Holz?«, frage ich.

»Das Holz?«

»Das du gemacht hast?«

»Ach so, das holt der Potutznik. Das ist für den Ziegenstall. Für die Geiß, die der ...«

»... der Wirt beim Karteln, weiß ich schon.«

»Genau«, nickt er, »der Potutznik ist eine arme Sau, die Geiß schreit nämlich. Macht dem Mordsprobleme. Du musst da mal hinschauen, ich hab dem das versprochen. Der hat ja auch was anderes zu tun, als Tiere zu streicheln.«

»Aha, ich aber nicht, ja?«

»Na ja«, sagt er und wirkt ein bisschen hilfloser, als ich das beabsichtigt habe.

»Ist schon gut«, sage ich. So wie er schwitzt, ist es mir lieber, er geht jetzt mit mir zurück.

»Raste dich lieber mal aus«, sage ich.

»Es geht mir gut«, sagt er, aber das hat natürlich einen theatralischen Unterton.

»Danke, dass du mir das Frühstück gemacht hast«, sage ich.

»Gerne«, sagt er, und nach einer Weile fügt er hinzu: »Ich kann dich doch nicht dir selbst überlassen, jetzt, wo es dir so schlecht geht.«

Ich höre natürlich, dass er meint: Nie und nimmer würdest du mich mir selbst überlassen. Ist es nicht so?

Ich sage nichts, gehe schweigend hinter ihm her, sehe den Schweiß in seinem Nacken.

»Ich schau dann später beim Potutznik vorbei«, sage ich schließlich.

Immerhin lächelt er daraufhin höflich. Mein Schweigen hat er deutlich gehört.

8

Als ich an diesem Nachmittag auf dem Weg zum Gemischtwarenhändler bin, sehe ich von Weitem den Städter, wie er aus seinem Astra steigt. Ich möchte sofort umkehren, aber er hat mich schon gesehen und hebt die Hand.

Ich winke ihm, er erkennt mich wieder, natürlich erkennt er mich wieder, ich bin die Beifahrerin des Wahnsinnigen. Er hat immer noch die Hand oben und kommt auf mich zu, als wären wir durch den Seitenspiegel bereits Verbündete.

»Hallo«, sagt er. Er schaut aus, als würde er sich über irgendetwas freuen. Sehr lange habe ich keinen Menschen mehr gesehen, der sich so freut. Ich sehe ja nur den Vater, und vorher sah ich meistens Kranke, die entweder den Schmerz eines Leidens oder die Anspannung der Genesung im Gesicht trugen, ich sah angespannte Kollegen oder Johannes, an dessen Gesicht ich jetzt lieber nicht denken mag.

»Entschuldigung«, sage ich, weil es das Einzige ist, was es zu sagen gibt, »es tut mir wirklich leid. Mein Vater ist ...«

»Ach das«, sagt er mit einer wegwerfenden Handbewegung, »er hat allen Grund gehabt, wütend zu sein.«

Wir stehen voreinander und schauen uns an. Eigentlich habe ich das Gefühl, dass ich jetzt auf eine Weise nicke, die gleichzeitig auch eine Verabschiedung ist. Reserviert sein kann ich, das ist mir oft genug gesagt worden. Sei doch nicht immer so kühl, lach doch mal! Auch jetzt schaue ich, wie ich immer schaue, und bedeute ihm damit: Na, dann ist ja alles gut, hat mich gefreut, Sie kennenzulernen, und so weiter.

Den Städter aber kümmert das nicht. So wie er dasteht, hat er jede Menge Zeit. Mit seinen Gedanken scheint er nur im Hier und Jetzt. Steht einfach da und schaut mich an. Ich bin es, die fliehen möchte, schnell weiter, schnell weg, aber dann fällt mir auf, dass ich es nicht, wie sonst immer, eilig habe, genau genommen habe ich sogar jede Menge Zeit. Vielleicht habe ich zum ersten Mal seit Jahren überhaupt den ganzen Tag Zeit, und den morgigen noch dazu, und das ist ein ungewohntes Gefühl, das mich zum Lachen bringt. Tatsächlich habe ich keine einzige Ausrede weiterzugehen, denn alles, was ich hier zu tun habe, ist nur eine Aufgabe, die ich mir selbst stelle und die warten kann, im Grunde für immer. Ich könnte also stehenbleiben und plaudern, wie ein alter Mensch, aber ich bin nicht alt, zumindest nicht sehr, und ich weiß nicht, wie man plaudert. Ich muss atmen.

»Ich bin im Rehabilitationszentrum oben«, sagt er, weil langsam jemand was sagen muss, und ich sage: »Oh«, weil das bedeutet, dass er krank gewesen sein muss, und er sagt: »Luxusinfarkt.«

Ich lache schon wieder. »Von einem Luxusinfarkt«, lüge ich, »habe ich noch nie etwas gehört, dabei bin ich irgendwie vom Fach.«

»Sie sind Kardiologin?«, sagt er.

»Nein, nein«, sage ich und erkläre knapp, dass ich früher Schwester gewesen sei. Ich sage früher, obwohl das eine an Lüge grenzende Übertreibung ist.

»Verstehe«, sagt er, »der Luxusinfarkt ist wohl Kardiologenjargon.«

Er lacht mit dieser wirklich irritierenden Unbekümmertheit. Ich frage mich, ob er immer so schaut, sein Gesicht deswegen so glatt ist. Weil er nichts Böses ahnt von niemandem, und es nicht einmal den Kardiologen übelnimmt, wenn sie schlechte Witze über kaum zerstörte Areale machen.

»Ich habe Glück gehabt«, erklärt er, »der Infarkt ist gerade einmal stark genug gewesen, dass er gilt. Aber das hat ausgereicht, um zu kapieren, dass ich so nicht weitermachen will.«

Ich würde gerne fragen, wie genau er nicht weitermachen will, aber das kommt mir übergriffig vor. Ich weiß nicht, wann ich einen Menschen zuletzt so stehen gesehen habe. Nicht einmal, dass es gerade nichts zu sagen gibt, scheint ihm unangenehm zu sein. Wie viele Herzpatienten ist er vielleicht gelassener als vor dem Infarkt, oder langsamer. Dann sagt er: »Gehen wir ein Stück?«

Nein, ich möchte wirklich kein Stück mit ihm gehen. Ich soll zum Gemischtwarenhändler. Ich möchte, wenn, dann eigentlich nur allein gehen. Ich denke, dass ich zählen muss, ein-ein, aus-aus-aus, andauernd muss ich vollständig atmen, ich kann eigentlich gar nicht so viel reden. Schon gar nicht kann ich reden und gehen zugleich. Aber da geht er schon neben mir, und ich denke, wenn ich mit jemandem reden und gehen zugleich kann, dann mit einem Herzinfarktpatienten. Wir haben uns von selbst in Bewegung gesetzt, Richtung See. Wir sind beide groß, er ist größer. Er trägt diese Schirmkappe, und er trägt einen schmal geschnittenen Wollmantel und italienische Schuhe, die viel zu kalt sind für die Jahreszeit.

Ich frage, ob er denn nicht volles Programm habe, dort oben in der Reha, und er sagt ja, aber erst ab morgen.

»Krankenschwester«, sagt er dann, das scheint ihn mehr zu interessieren, aber als ich nichts dazu sage, seine Einladung, zu erzählen, nicht annehme, sagt er schließlich, dass er bestimmt den langweiligeren Job gehabt habe: Eichamt.

»Eichamt«, wiederhole ich, und jetzt ist er es, der lacht.

»Amt für Eich- und Vermessungswesen. Thermische Angelegenheiten. Zentrale Wasser- und Stromablesegeräte der Stadt. Eigentlich habe ich irgendwann einmal leidenschaftlich Geologie studiert, und das ist, was sich später daraus entwickelt hat.«

»Klingt aber lebensnotwendig«, sage ich.

»Bitte, kein Mitleid«, sagt er, und dass er sich das alles mal anders vorgestellt habe, »mit mehr Abenteuer. Und vielleicht einfach insgesamt mit mehr ... Erdbewegung.«

Wir lachen. Er geht nicht sehr schnell, aber er macht große Schritte. Ich bemühe mich, Schritt zu halten, sehe zu, dass er nicht merkt, dass es mir zu viel ist.

Er erzählt, dass er beschlossen habe, aufzuhören. Nichts gegen das Amt für Eich- und Vermessungswesen. Thermische Angelegenheiten seien wichtig, keine Frage, aber die Jahre! Aber die Langeweile. Dazu die Einsamkeit einer Fernbeziehung. Dann stockt er, weil er merkt, wie das klingt. Wir schweigen eine Weile, in die Stille hinein schlägt die Kirchturmuhr. Ich würde gerne fragen, wie sie heißt, komme aber dann doch lieber auf seinen Beruf zurück. In das Schlagen der Kirchturmuhr hinein sage ich, dass Messgenauigkeit doch sicher etwas sei, wonach die meisten Menschen sich im Innersten sehnen. Er lacht und sagt, das könne auch nur eine Krankenschwester sagen, jemand, der etwas wirklich Sinnvolles tut und keine Ahnung davon habe, wie es ist, tagein, tagaus bloß Kommastellen in Listen einzutragen.

Ich sage nichts.

Er schaut zu dem spitzen Turm der schmalen, weißen Kirche hinauf. Zwischen dem Schloss und dem Turm liegt der Friedhof. Daran vorbei führt die schmale Straße zum Markt. Wir müssen hintereinander gehen. Zu unserer Linken liegt der See wie ein schwarzes Tuch. Er sagt etwas Nettes über die kleine Insel draußen und die kümmerliche Birke darauf und wie herrlich es sein muss, im Sommer dort hinauszuschwimmen. Ich überlege, ob ich die Jahre zählen kann, die ich das nicht mehr gemacht habe.

Ich sage, dass mir leider jeder touristische Blick auf den Ort fehle, obwohl ich schon so lange weg sei, dass ich ihn eigentlich haben könnte. Er fragt, was mich herführt, und ich sage, dass ich eine Pause mache. Ich spüre, dass er nachfragen will, aber nichts sagt, und so sage ich auch nichts und atme stattdessen ein paar Mal tief durch, bis er doch etwas merkt und mich fragt, ob alles in Ordnung sei. Ich sage Ja, und in diesem Augenblick stimmt das sogar.

Sein Blick wandert wieder zu der Insel dort draußen, und ich beginne, ihm zu glauben, dass er das alles hier wirklich ganz schön findet. Er fragt mich, ob hier auch Autos fahren dürfen. Ich sage, dass man hier sogar mit Autos über den See fährt. Der Markt ist menschenleer. Links und rechts der Straße eine Zeile halbverfallener Häuser, die meisten sind unbewohnt. Der Winter hat Salzränder und Schmutz an den Mauersockeln hinterlassen. Von den Fenstern, an denen wir vorübergehen, sind die meisten blind. Nur der Holzbrunnen in der Kehre ist nagelneu. Sobald es zu frieren aufhört, werden sie ihn in Betrieb setzen.

Die Märzsonne scheint zaghaft auf die blassen Hausfassaden, ein paar zugeklebte Auslagen. Hier war früher die Bank, in der Auslage sitzt noch der staubige Sparefroh, als hätte ihn jemand mit Absicht zurückgelassen. »Dort, mit der Messingbrezel über einer Tür, war der Bäcker«, zeige ich ihm. Die wenigen Häuser, die bewohnt sind, scheinen sich zu ducken, als wollten sie die anderen nicht beleidigen. Ein Schaufenster eines ehemaligen Geschäftslokals wird von der Gemeinde genutzt. Dort hängen Plakate, auf den Plakaten Gruppenfotos der örtlichen Vereine. Ich frage mich, wo all diese Menschen sind, die wir dort sehen. Der Trachtenverein mit hohen grünen Hüten. Die Hüte lassen die vielen Mitglieder noch mehr aussehen, als sie sind, bestimmt vierzig oder fünfzig Menschen posieren in Reih und Glied. Die Mädchen jung, Kinder mit Brüsten, die Männer als junge schon alt, mit Bierbäuchen, fröhlich, allesamt sehr fröhlich. Auf einem anderen Plakat ist die Krampuspass mit ihren furchterregenden Larven, ihren Ruten, mit denen sie damals schon ordentlich zuschlugen, die dunkelrote Striemen hinterlassen, die erst violett und später gelb werden. »Wenn dich zur Krampuszeit einer erwischt hat, wurdest du in den Schwitzkasten geklemmt und verdroschen«, kommentiere ich das Plakat, das der Städter neugierig mustert. Der Nikolaus trägt auch eine Krampuslarve. Der Städter fragt mich, wieso. »Weil das lustig ist«, sage ich so ernst, dass der Städter lacht. Die Engerl tragen selbstgenähte Überwürfe aus silbernem Satin mit weiten Ausschnitten, aus denen weiße Rollkragenpullover ragen. Mich schüttelt es, ich habe das damals schon schrecklich gefunden, Brauchtum hat mich immer tieftraurig gemacht. »Wer ist der mit dem Korb?«, will der Städter wissen. »Knecht Ruprecht«, sage ich. Er schaut mich an, als gäbe es noch eine Menge zu wissen. »Vergessen Sie's«, sage ich. Ich bin erleichtert, als wir weitergehen.

Wir kommen zu einem auffällig blankgeputzten Schaufenster. Darin sind verzierte Vorratsdosen dekoriert, auf den Deckeln in schwarzrosa Kringeln das Emblem der Fabrik. In geschwungenen Lettern steht *Kissinger Schokoladen* in die Deckel graviert. Der Städter bleibt stehen und ich mit ihm. *Altes, Schönes und Originales. A. Potutznik* steht auf dem Schild neben der Tür, es glänzt golden und sauber. Ich hoffe inständig, nicht ausgerechnet jetzt auf den Antiquar zu treffen, damit ich dem Städter die Sache mit der Ziege nicht erklären muss. Ich versuche, mir das Gesicht des Antiquars wieder in Erinnerung zu rufen, aber ich weiß nur noch, dass ich irgendetwas daran mochte und dass er immer irgendwie grau war.

Der Städter hebt die Hände ans Gesicht und schaut durch die Scheibe. Ein Plattenspieler, geblümtes Kaffeegeschirr, ein alter Fächer. *Bringen Sie uns Ihre alten Möbel, wir bringen sie auf Vordermann* steht auf einem handgeschriebenen Zettel, der in der Auslage verblichen ist. Ich frage mich, wer das Wir ist. Es hieß immer, die Verwandten des Potutznik seien nach Palästina ausgewandert. Als Kind hatte ich keinen Begriff von Palästina, und später, als ich kapieren hätte können, was das heißt, habe ich nie mehr an ihn gedacht.

Es ist wie immer hier: Alles muss man sich selbst erzählen, die anderen erzählen es einem nicht. Je nachdem, mit wem man redete, sagten der Wirt und der Vater Altwarenhändler, die Mutter Antiquar, sagte der Gemischtwarenhändler Israel, die Nachbarin Palästina. So war das immer und mit allem. Alles ist immer nur halb wahr, halb so tragisch, alles, was uns nicht umbringt, ist nicht der Rede wert. Genau genommen ist nichts der

Rede wert, genau genommen muss auch nichts genau genommen werden.

Der Gemischtwarenhändler hat einen A-Ständer auf dem Gehsteig vor seinem kleinen Geschäft, aus dem er schon immer aus erstaunlichen Untiefen ein beachtliches Warensortiment hervorgraben kann. Heute gibt es Vollkorntoast und Tiefkühlfisolen im Angebot. Vermutlich wirkt auch das auf den Städter noch reizvoll altmodisch, und es weckt irgendwelche nostalgischen Gefühle in ihm, vielleicht nach der eigenen Kindheit an einem Ort, an dem die Zeit sich nicht weitergedreht hat.

Die Tür steht zum Lüften offen. Ich hoffe inständig, dass niemand herauskommt.

Der Städter mustert mein Gesicht und fragt, ob es eigenartig für mich ist, wieder hier zu sein, und ich sage, ja, eigenartig treffe es ganz gut. Ich erzähle, dass ich schon lange draußen in der Stadt lebe, in derselben wie er, und merke, dass ich das lieber nicht gesagt hätte. Besser, wir bleiben einfach beide fremd, er ein vom Himmel gefallener Gast, ich eine nach Jahren Zurückgekehrte. Die Tatsache, dass wir in derselben Stadt gelebt haben, vielleicht sogar die gleichen Leute kennen, wirkt wie eine Gefahr für den leisen Zauber, den ich unserer Begegnung gerne zuschriebe.

Wir kommen an den beiden Hotels vorbei. Das eine ist längst geschlossen, vor dem anderen parken zwei SUVs mit deutschem Kennzeichen. Auf der Fassade steht in rosa Leuchtschrift *There are a lot of good people around.* Wir lachen. Uns ist noch kein einziger Mensch begegnet.

Wir nehmen den Weg unter der alten Kastanie durch, an der Terrasse des Hotels vorbei zum See. Obwohl ich mich konzentriere, kräftig zu atmen und nicht zu verkrampfen, bin ich überrascht, wie gut ich Schritt halten kann. Trotzdem bin ich erleichtert, als er vorschlägt, dass wir uns auf eine der Bänke setzen. Die Bank ist von Frost überzogen. Ihm schlottern die Knie. Ich sage, dass er die falschen Schuhe hat, und er sagt mit Blick auf meine peinlichen Engelbert Strauss, für die ich Gerlinde gerade tausendfach verfluche, dass ich wohl die richtigen anhätte.

Zum Glück sind jetzt vorne am Spielplatz Menschen aufgetaucht, es gibt etwas zu sehen, eine Mutter und ihren kleinen Sohn, und da ist auch noch ein Baby in einem Kinderwagen. Der Bub bläst mit aufgeblähten Backen in einen gefrorenen Grashalm, den er zwischen seine Daumen spannt, aber die Mutter schaut nicht hin, sondern ist immer noch über den Säugling gebeugt. Dem Buben gelingt kein einziger Pfiff. Die Mutter sagt ihm nicht, dass das nur mit trockenen Halmen geht, dass das, was er letzten Sommer gelernt hat, heute nichts mehr zählt. Oder sie weiß es nicht. Aber wahrscheinlich ist die Mutter einfach nur müde, und wahrscheinlich sollte ich aufhören, über Dinge nachzudenken, die mich nichts angehen.

Es ist kalt, und auch unser Schweigen wird irgendwann unangenehm. Ich sage schließlich, dass mein Weg dort hinten durch den Wald hinaufführe und seiner rechts weiter zum Erholungsheim oder links zu seinem Auto zurück.

»Gut«, nickt er, ohne aufzustehen, »dann sehen wir uns«, und ich sage, ja, und wir verabschieden uns zu langsam und zögerlich, als wollten wir den jeweils anderen nicht einfach so sitzenlassen.

Er schaut mich noch eine Weile an. Ich denke: Das ist gar kein bestimmter Ausdruck, das ist einfach sein Gesicht.

»Schöner Mantel«, sagt er dann, steht endlich auf, und ich tue es ihm gleich. Ich sage wieder nichts, dann geht er. Im Davongehen drehe ich mich noch kurz um, dann gehe ich, bis ich höre, wie er mir zuruft:

»Aber Ihren Namen sagen Sie mir schon?«

Ich sage meinen Namen laut. Er nickt. Er hebt die Hand.

»Ich heiße Oskar Marin.«

Ich nicke.

»Bis bald«, sage ich und gehe schnell davon.

Ich höre an seinen Schritten auf dem Kies, dass er noch einmal stehenbleibt, aber ich zwinge mich weiterzugehen, damit er mein grinsendes Gesicht nicht sieht. Ich schaue so sehr nicht zurück, dass es eigentlich schon wieder ein Hinschauen ist. Ich gehe und höre schließlich, wie auch er sich langsam, viel langsamer, als er zuvor ging, in Bewegung setzt, bis wir uns schließlich ganz voneinander entfernt haben.

9

Als ich nach Hause komme, ist mir sonderbar leicht in der Brust. Überhaupt fühle ich mich stärker, besser bei Kräften, wie angeschoben. Auf einmal kommt mir alles nicht mehr so tragisch vor. Einkaufen war ich nicht, das verschiebe ich auf später. Ich muss ohnehin nachschauen, was wir wirklich brauchen, damit hier auch mal jemand was kochen kann. Der ausständige Anruf bei Mutter kommt mir jetzt wie ein Leichtes vor. Ich bin es schließlich, die sie zur Rede stellt.

Unten prüfe ich Vaters Küchenschränke auf Vorräte. Während ich die Schränke durchsehe, ertappe ich mich immer wieder dabei, wie ich auf den Fotos an den Wänden in Mutters Gesichtern die Spuren ihres Unglücks suche. Bin ich wirklich jemand, der das Unglück nicht sieht, wenn es ihm ins Gesicht schaut?

Was ich sehe, ist die Beherrschtheit eines arbeitsamen Lebens. Ein beherrschter Körper, immer ein bisschen kühle und rissige Hände, die sie von hinten über mein Herz legt, auf meinen Scheitel, auf mein Haar. Ich habe es für selbstverständlich gehalten, dass eine Mutter nicht klatschend und tanzend durchs Leben hüpft. Der Bruder und ich waren Kinder. Wir waren laut, rannten schnell und machten Flecken. Das Haus war groß, die Berge von Bügelwäsche und schmutzigem Geschirr wurden klein und waren weg und kamen wieder. Bestimmt gab es zwanzig Fenster in diesem Haus, es gab vier Betten zu machen und ein Mittagessen zu kochen, und wenn einmal Pause war, Ruhe, nichts, gab es immer noch den Garten, der ihr *Hobby* war, wie sie immer gesagt hat. Wie viele Frauen hier hatte Mutter ein Hobby, das die eine Arbeit von der anderen unterschied.

Wäre Mutter eine glückliche Frau, wenn es ein glückliches Foto von ihr gäbe? Ist nicht die Möglichkeit wahrscheinlicher, dass ihr Glück aus einer Abfolge von Hürden bestanden hat, die sie bewältigte, was eben mehr eine stumme Gleichmäßigkeit ergab als etwas überschäumend Offensichtliches? Gibt es nicht viele traurige Menschen, die sehr laut lachen? Nie habe ich Mutter verzweifelt oder fassungslos gesehen, aber ich habe durchaus gemerkt, wie sie es später hingenommen und manchmal vielleicht sogar im Stillen bewundert hat, wenn ich als Teenager verzweifelt und fassungslos war, als wären das ausgelagerte Eigenschaften, zu denen sie sich nie hatte durchringen können.

Solange ich diese Fotos auch anschaue: Ich sehe eine abgekämpfte, vielleicht ein wenig mit der Vergeblichkeit ringende Frau, aber das Unglück, von dem ich vermuten muss, dass es sie vertrieben hat, dieses Unglück kann und will ich nicht finden in diesem Gesicht. Auch nicht in dem des Vaters, und nicht einmal in Davids, das immer so bestimmt wirkt, vielleicht ein wenig entrückt, sich seiner Sache sicher, was auch immer diese Sache ist. Das Unglück, scheint mir, ist eher etwas zwischen diesen Gesichtern, zwischen diesen Menschen, zwischen uns.

Vielleicht wären wir alle glücklicher, wenn wir uns voneinander lösen könnten, denke ich kurz, dann gerät mir das Schließen des Küchenkastens zu fest, und ich erschrecke vor dem Knallen der Tür.

Der Vater hat nicht einmal Brot! Der labbrige Toast in der Plastikfolie wird in Kürze verschimmeln, oder er verschimmelt schon seit Wochen nicht. Die Anzeichen des Verfalls sind unübersehbar, auch wenn er nach Kräften versucht, hier Betrieb vorzutäuschen.

Wir müssen wieder einmal etwas Warmes essen, und wenn es eine Suppe ist. Merkwürdig, dass es mir leichter fällt, Fürsorge für den Vater zu übernehmen, wenn ich mir einrede, das sei ein Arbeiten gegen seine Versorgungsunfähigkeit. Als wäre jede Geste der Fürsorge ein Zugeständnis an seine Vergänglichkeit, die er manchmal theatralisch nach außen kehrt und dann wieder zu verstecken versucht. Unentschieden, alles am Vater ist unentschieden, nicht einmal zum Altsein kann er sich entschließen.

Wenn wir heute essen, werde ich Mutter angerufen haben. Ich werde von ihr gehört haben, was eigentlich los ist, und endlich David zur Sprache bringen. Von selbst tut der Vater es nicht. Stattdessen ist er schon wieder im Wald oben. Ich weiß nicht, wie er sich den Ziegenstall vorstellt, dreistöckig vielleicht, oder gar als Hotel?

Als ich das Windspiel in der Tür des Krämers streife, steht drinnen der Pavlovic Havel in einer gerade erst aus der Plastikfolie ausgepackten DPD-Uniform. Mich erkennt er nicht mehr, aber ich erkenne ihn an seiner Statur und dem kleinen Kopf, auf dem er diese zu große Postlermütze trägt, und an der Entschlossenheit, dieser hackenden Handkante, mit der er auf den Gemischtwarenhändler einredet. Schön sei er sicher nicht gewesen, der Niedergang der Firma, betont er, aber eben auch ein Weckruf: »Was tut der Havel jetzt?« Der Havel spricht von sich selbst in der dritten Person, denke ich und mustere die Herrenfeinrippunterhemden. Lautstark erzählt er von seinem geleasten Dienstauto und berichtet, dass es auch keine Lösung sei, nur beim Wirten zu sitzen und zu jammern, wie das andere tun, während der Lutz seine Extrawurstsemmeln mit Gurkerln macht. Dann sagt der Lutz, dass der Havel schon recht habe, dass schließlich jeder schauen muss, wo er bleibt, und beide lachen das Wie-es-halt-so-ist-Lachen, und als der Havel das Plastiksackerl mit seinen Semmeln entgegennimmt, sagt er, dass schließlich ein jeder seines Glückes Schmied ist, und der Lutz nickt, und es ist ihm anzusehen, dass er froh ist, als der Havel endlich die Mütze hebt und geht.

Kaum ist er draußen, wendet er sich mir mit diesem süßlichen Grinsen zu, das er immer schon gehabt hat.

»Ein halbes Brot hätt ich gern«, sage ich. Da schaut er mich reglos mit zusammengekniffenen Augen an, bis ihm der Name zu meinem Gesicht einfällt und er entzückt feststellt, wie die Zeit vergeht. Sofort erkundigt er sich nach dem Vater. Der weiß natürlich alles. Der redet so mit mir, wie er schon mit mir geredet hat, als ich Kind war. Ob denn die Frau Mamá noch immer in Italien verweile, ob es ihr denn in Italien so gut gefalle, dass sie gar nicht mehr heimwill.

»Italien ist ja auch schön,«, sage ich.

»Na ja, aber im Winter«, sagt er.

Er hat so etwas Aufgewecktes, Batteriebetriebenes. Er hat eine mordsmäßige Energie, mit der er diesen langen, großen Körper in Bewegung setzt. Schon hüpft er wieder nach hinten, um mir zu holen, worum ich bat.

»Nur ein halbes, bitte«, rufe ich, da kommt er schon zurück und reicht mir das Brot. Er lächelt unangenehm breit.

»Darf's noch ein Plastiksackerl sein?«, fragt er, als er mit zur Kassa geht.

»Sowas gibt's noch?«, frage ich, absichtlich gemein.

»Fünfzig Cent kostet's halt, gell. Und einen Lottoschein noch dazu?«

»Was?«

»Einen Lottoschein«, sagt er, »fürs Glück?«

Wortlos schüttle ich den Kopf.

»Kartoffeln und Suppengrün brauch ich noch«, sage ich, obwohl man an der Kassa normalerweise nichts mehr bestellen kann. Aber er springt schon wieder und holt mir die Sachen, immerhin.

Auf der Anrichte neben der Uraltkassa hat er einen Karton Zuckerstangen vom Kissinger. Ich ziehe eine heraus, sie ist bunt gekräuselt und in Zellophan eingeschweißt. Als ich sie drehe, um nach dem Ablaufdatum zu sehen, knistert die vertraute Verpackung in meiner Hand.

»Schau her«, sagt er und gibt mir meine Waren in einem großen, grünen Plastikbeutel.

»Und sag zu Hause bitte schöne Grüße. Dein Vater kommt so selten. Fährt auch lieber zum Großhandel, mit dem flotten Jägerauto, gell? Die schenk ich dir«, er deutet auf die Zuckerstange.

»Ist abgelaufen«, sage ich.

»Aber immer noch gut«, sagt er.

Draußen hänge ich mir das Plastiksackerl über den Arm, reiße das Zellophanpapier auf und stecke mir im Gehen die Zuckerstange in den Mund. Sie schmeckt wie immer, schön künstlich, nach Apfel- und Kirscharoma und dem sahnigen Weiß in der Mitte.

Als ich zurück nach Hause gehe, hält ein VW Passat neben mir. Sofort erkenne ich die buschigen rotbraunen Augenbrauen, den breiten Mund und die auffälligen Eckzähne. Es ist Bea, meine alte Schulfreundin Bea. »Bea!«, rufe ich durch die geöffnete Scheibe, und sie lacht dieses heisere Lachen mit den Eckzähnen, die sie sich nie richten lassen wollte, obwohl ihre Eltern sogar eine Spange bezahlt hätten. Bea ist älter geworden, aber so, als hätte sie erst in sich selbst hineinwachsen müssen, als würde die bald vierzigjährige Bea erst jetzt ausfüllen, was die jüngere Bea immer schon hätte sein können.

»Hab schon gehört, dass du da bist!«, ruft sie, da kommt hinter ihr aber schon das nächste Auto und hupt, als sie nicht sofort weiterfährt.

»Bea!«, sage ich wieder, sie sieht meine Freude. Bea war immer so anders. Bea ist Architektin geworden. Bea ist winterhart, Bea blüht ganzjährig, etwas an ihr trotzt immer noch dem wachstumsfeindlichen Klima hier.

»Lass uns was ausmachen«, ruft sie. Ich nicke. »Ich komm bei dir vorbei«, ruft sie, dann muss sie fahren, der Kerl hinter ihr mit dem Hut gestikuliert und hupt bereits zum zweiten Mal. Sie winkt ihm: »Schon gut.« Ich denke an den Vater, wie er Konflikte beim Autofahren löst, und wie Bea das macht. Menschen wie Bea gibt es, das darf ich nicht vergessen. Menschen wie Bea und – wie hieß sie nochmal? Ich werde Bea fragen, sobald wir ins Reden kommen. Diesmal spreche ich das an, räume gleich die Zweifel aus dem Weg.

»Gut«, rufe ich, »ich bin zu Hause! Komm, komm jederzeit!« Ich winke ihr nach, wie sie den Hügel hinauffährt. Nicht zu schnell, wie die meisten. Normale Geschwindigkeit, vielleicht sogar eine Spur langsamer. Vielleicht schaut sie mir im Rückspiegel nach und überlegt, ob wir uns aus den Augen verloren haben, weil es irgendwann so kompliziert geworden ist, oder ob es eigentlich einfach gewesen wäre und nur jeder zu lange allein mit den eigenen Gedanken war. Wie es halt so ist, mit Gedanken, die jeder für sich hin und her wälzt, bis sie irgendwann nur noch in unseren Träumen herumstehen, wie unsichtbare Säulen. Seltsame Gerüste einer Wirklichkeit, über die wir später, der Einfachheit halber, sagen: »So und so war das.«

10

Als ich mit dem Einkauf unten beim Vater durch die Tür komme, sitzt der Hochleitner bei uns am Tisch. Der Hochleitner trägt ein rotweißblaukariertes Flanellhemd und eine dunkelbraune Cordhose. Er hat grobe Bergschuhe an, in denen er jetzt aufspringt.

Wir geben einander die Hand. Zwei in groben Schuhen, denke ich. Er mustert meinen Kamelhaarmantel. »Ist vom Flohmarkt«, sage ich und mache eine Bemerkung über unsere gemeinsame Schulzeit. Er erinnert daran, dass wir sogar zusammen im Kindergarten waren, aber irgendetwas scheint ihm sogleich unangenehm zu sein. Was weiß ich, was den Männern hier alles peinlich ist, vielleicht genügt es schon, wenn sie wissen, was Kamelhaar oder was ein Kindergarten ist.

Der Vater ist schweigsam. Er mag es nicht, wenn er vor anderen nicht im Mittelpunkt steht. Ich rieche, dass sie in der Küche geraucht haben, auch wenn er den Aschenbecher zwischenzeitlich draußen auf die Fensterbank gestellt hat.

»Warst du schon beim Potutznik?«, fragt er.

Entnervt schaue ich ihn an. »Ich gehe morgen, habe ich ja gesagt.«

Ich stelle die Einkäufe ab und beginne auszuräumen. Das Telefonat mit Mutter muss ich schon mal verschieben. Der Hochleitner setzt sich unbeholfen wieder hin, und ich bilde mir ein, zu hören, wie ihm die Stille danach peinlich ist.

Der Vater hat Früchtetee gekocht, aber die Beutel im Kessel gelassen. Auf dem Tisch stehen eine Rumflasche, eine Schüssel mit Erdnüssen, sogar eine für die Schalen. Richtig Mühe gegeben hat er sich. Der Hochleitner hat eine seiner Hände fest um die Tasse gelegt.

»Lasst euch nicht stören«, sage ich und mache mich daran, die Lebensmittel zu verräumen, »ich bin gleich weg. Vielleicht kommt Bea die nächsten Tage mal vorbei, ich hab sie im Markt getroffen.«

»Die Hartinger?«, sagt der Vater.

»Ja«, sage ich.

»Die Hartinger!«, der Hochleitner bläst Luft durch die Nase.

»Die zeichnet jetzt beim Baumeister«, sagt der Vater, »verdient sich dumm und dämlich.«

So reden sie dann, so ist es immer noch. Die meisten bekommen sie nach ihrem Studium ja gar nicht mehr zu Gesicht. Die kommen nie mehr wieder, und wenn sie wiederkommen, oder gar nicht erst richtig weggehen so wie Bea, sind sie ein Leben lang die Hochnäsigen, die nur deswegen hiergeblieben sind, damit sie den anderen zeigen können, um wie viel besser sie sind.

Danach verfallen die beiden Männer wieder in einen Zustand, der mehr einem Schweigen gleicht als einem Gespräch. Einmal brummt der eine etwas, dann der andere. Dazwischen schenken sie sich nach, sagen jaja, nicken ohne Grund und knacken die Schalen der Erdnüsse auf. Als mich der Vater fragt, ob ich vorhabe, was zu kochen, lade ich auch den Hochleitner zur Suppe ein, mit der ich am liebsten allein gewesen wäre, und stelle das Wasser zu.

Bea hat in Wien Architektur studiert und ist immer mit einem Fuß hiergeblieben. Als ich schon weg war, erzählte Mutter manchmal mit Unterton, dass Bea Hartinger jedes Wochenende ihre Eltern besucht. Aber Bea Hartingers Eltern waren selbst bereits Inseln, wie sie. Ihre Mutter hat einen gläsernen Dachstuhl zum Atelier ausgebaut und Schüttbilder aus Blautönen gemacht. Ihre Mutter hat zu Bea gesagt: »Lass dir die Eckzähne richten.« Im Gegensatz zu mir, die nie im Leben eine Zahnspange bekommen hätte (was für eine Verschwendung), hat Bea nie mit dieser Herkunft gehadert. Fast war es, als würde ihr das alles nichts ausmachen. Wenn die Sprache knapp war, erfand Bea eine neue. Wenn ihr das Korsett zu eng wurde, hatte sie was mit einer Frau. Ich wollte immer so sein wie Bea, ich glaubte lange, die meisten wollten insgeheim so sein wie sie, aber die meisten mochten Bea nicht. Die meisten fanden, Bea sei aufmüpfig und reiße das Maul zu weit auf, Bea sei extrem und rede hochnäsig daher. Ich bin mir nicht sicher, wer sich zuletzt bei wem nicht mehr gemeldet hat. Dass ich Antonia – so hieß sie, wirklich nicht mochte, habe ich Bea nie gesagt. Ich hielt sie für bieder, unsympathisch in ihrer Schweigsamkeit, und die Tatsache, dass sie was mit Bea hatte, änderte nichts daran. Die Tatsache aber, dass Bea anscheinend fand, die Tatsache allein müsse etwas ändern, ließ mich an Beas Einschätzungen zweifeln, und als dann unser Kontakt immer weniger wurde, schließlich an Bea insgesamt.

Ich frage mich, wieso der Hochleitner verächtlich schnauft, wenn es um Bea geht. Ich habe Lust, ihn zu fragen, ob ihm klar ist, dass Bea deshalb so gut verdient, weil sie in einem Männerberuf arbeitet, und dass das in Wirklichkeit keine Bevorzugung, sondern eine Benachteiligung ist, zumindest für Frauen, eigentlich aber für alle, weil ihnen, uns allen, solche Bedingungen bestimmte Berufe verunmöglichen. Dem Vater zuliebe, der endlich wieder im Mittelpunkt stehen will, mache ich aber kein Fass auf.

Ich packe das Brot aus und schneide es einmal in der Mitte durch. Das ist wieder kein Brot. Das ist gepresste Stärke mit Luftblasen und Rinde. Ein Ort, wo es nicht einmal einen Bäcker gibt. Wieso wird keiner von diesen übrig gebliebenen Havels einfach Bäcker? Wenn das stimmt, dass es im Jänner mit der Fabrik aus war, muss es doch ein paar Arbeitslose geben. Wenn nicht viele! Ein Bäcker wäre etwas, das wirklich gebraucht würde. Ein Bäcker täte dem Ort gut. Ich gieße das Salzwasser mit den blanchierten Kartoffeln in ein Sieb. Der Vater macht ein Gesicht, als sähe er das Sieb zum ersten Mal. Ich hacke Zwiebel und Suppengrün. Die beiden spekulieren über Beas Gehalt. Astronomische Summen fallen. Ich muss lachen bei der Vorstellung, wie ich ihr das erzähle.

Ich lasse das geschnittene Wurzelgemüse in den Topf gleiten und decke ihn halb zu. Dann nehme ich mir eine Tasse und setze mich zu den beiden an den Tisch.

»Und«, sage ich, »hast du Familie?«

»Ja«, sagt er, »Frau und Kinder.«

»Zwei?«, frage ich.

»Drei sogar«, sagt er, »eins, vier und sieben.«

Ich nicke, wie ich immer zu solchen Informationen nicke, weil ich eigentlich wissen müsste, was das heißt, und es doch nie wissen kann.

Dann fragt er unbeholfen, wie es bei mir ist, und ich sage, was ich immer sage: »Familie habe ich keine, aber es geht mir trotzdem gut.«

Er nickt, wie er vielleicht immer nickt, wenn er etwas verstehen müsste, und zugleich weiß, dass er es doch nie verstehen wird. Gibt es nicht auch Erklärungen, die man verweigern darf?

»Keine Kinder?«, fragt er zur Sicherheit nochmal nach.

»Nein, ganz frei«, sage ich.

»Wie ein Vogel«, sagt der Vater. Seine Augen sind schon ein bisschen glasig.

Ich sage, dass ich mir schon gedacht habe, dass nicht er das mit dem Schwiegersohn sei. Er sagt, dass der Schwiegersohn, der im See eingebrochen ist, der Schwiegersohn seines Onkels sei. Ich möchte wissen, was gewesen ist. Warum der Schwiegersohn mit dem Moped auf den See hinausfährt. Ich schenke mir lauwarmen Tee und sogar einen Schuss Rum ein. Der Vater staunt, sagt aber nichts.

»Gekränkte Liebe«, sagt der Hochleitner, »was sonst.«

»Gekränkter Stolz, meinst du«, sage ich.

»Sag ich ja«, sagt der Hochleitner.

Mir entgeht nicht, wie der Vater den Hochleitner irritiert anschaut, so als habe er nur die halbe Wahrheit gesagt. Andererseits, wird der Vater sich denken, seit wann ist er für sowas zuständig. Ganze Wahrheiten konnte der Hochleitner, wenn er wollte, selbst erzählen.

11

Der Hochleitner geht lange nicht heim. Wir essen die Suppe, als wäre sie ein Auftrag, den es abzuarbeiten gilt. Wir arbeiten stumm und um die Wette, niemand sagt ein Wort. Ab und zu mustere ich den Hochleitner und frage mich, wie sein Leben hier wohl verlaufen ist. Während ich löffle und schweige, sage ich mir, dass er wahrscheinlich sogar glücklicher ist als ich und von einer ehrlichen Arbeit und mit einer braven Frau lebt. Aber wieso erhebe ich mich über ihn? Ohne so etwas jemals gewollt zu haben, bin ich neidisch. Neidisch auf dieses ruhige Leben. Als ob meines spannender wäre. Irgendetwas an diesem Gefühl stimmt doch nicht. Woher nehme ich das Recht, verächtlich zu sein? Eine *brave* Frau muss nicht unglücklich sein. Und was ist das überhaupt? Nicht so eine wie ich, die mit einem verheirateten Arzt schläft? Aber finde ich wirklich, deswegen sei mein Leben aufregender? Enthebt mich das etwa dieser schrecklichen Langeweile, die ich ihnen unterstelle? Und hätte neben meiner Erschöpfung eigentlich irgendetwas von Bedeutung Platz gehabt? Ich hätte doch neben meinem Beruf gar nicht die Energie gehabt, jemanden ernsthaft zu lieben, mich selbst eingeschlossen. Wie hätte ich da an etwas Ernsthaftes denken können? Oder sogar einmal an mehr?

Der Hochleitner jedenfalls schaut nicht unzufrieden drein, von Bea brauch ich gar nicht erst anzufangen. Wahrscheinich stelle ich mir das Leben der Hiergebliebenen ganz anders vor, als es in Wirklichkeit ist. Ich sehe ja nur die Flachdächer und die Allradautos, die Kindertraktoren vor den Garagen und die bunt beschmierten Fenster. Ich sehe die großen Carports und die dicken Steinmauern, mit denen sie ihre Gründe blickdicht machen. Mit welchem Recht stelle ich mir das eigentlich schrecklich vor? Diese Leute müssen nicht bei ihren Eltern einziehen, wenn es sie durchbeutelt. Sie haben sich Existenzen aufgebaut.

Die Frau vom Hochleitner macht wahrscheinlich jede Woche einen Blechkuchen, und ich hasse mich dafür, dass ich das lächerlich finde, weil ich selbst jetzt gerade auch einen Blechkuchen essen würde, wenn der Hochleitner einen dabeihätte. Aber er hat natürlich keinen, und vielleicht hasst seine Frau Backen, und alles ist sowieso ganz anders.

Weil der Hochleitner kein einziges Mal nach Mutter fragt, gehe ich davon aus, dass er alles weiß. Vielleicht ist er sogar deswegen hier, will dem alten Mann ein wenig Gesellschaft leisten, sind ja immerhin fast Nachbarn. Mit dem Holz haben sie auch einen Deal, der Vater wird dem Hochleitner das Holz machen, dafür darf er sich nehmen, so viel er braucht, sowas in der Art.

Als der Teller des Vaters leer ist, schiebt er ihn zu mir herüber. »Gibt's noch was?«, sagt er.

»Was?«, sage ich.

»Gibt's noch was?«, sagt er.

Ich schaue ihn an. Dann frage ich den Hochleitner: »Magst du auch noch was?«

Er nickt.

Ich hole den Topf mit dem Schöpfer. Der Vater lebt ein Leben in Bedienung. Ich stelle mir vor, wie er Mutter jeden Tag den leeren Teller hingeschoben hat. Wie er »Kaffee« ruft. Der Hochleitner findet natürlich nichts dabei, für den Hochleitner ist das vollkommen klar, dass ein Mann nicht aufsteht und sich selbst holt, was er braucht.

»Geh bitte morgen wirklich zum Potutznik«, sagt der Vater, als ich den vollen Teller über den Tisch schiebe. »Der ist schon ganz fertig, wegen den Nachbarn. Der hat ja ein paar Übriggebliebene von der Fabrik dort als Nachbarn. Die nix zu tun haben und deshalb schon ganz verrückt werden, die nur rumhacken auf ihm, wegen dem Tier.«

Wegen des Tiers, verbessere ich ihn, nur in Gedanken. Laut sage ich: »Wer wohnt denn da?«

»Der Gruber und der Schreiber, die haben ja dort geerbt. Die sind seit Ewigkeiten da, war immer alles ruhig, und jetzt steht das Tier herum und schreit alles zusammen, ganz furchtbar muss das sein.«

»Die wohnen allein in diesen großen Häusern?« Die beiden ignorieren meine Frage. Ein Mann allein in einem Haus ist nichts, worüber man sich zu wundern braucht. Der Schreiber, das weiß ich, hatte einmal eine Frau, aber es hieß, die Ehe sei kinderlos geblieben, und das wurde immer in einem Ton gesagt, als wäre sie deswegen, auf natürlichem Wege, irgendwann vorbei gewesen.

»Das muss man doch wissen, was die hat«, sagt der Hochleitner, als er weiterisst, »der Wirt wird das schon wissen, deswegen hat er sie loshaben wollen.«

»Deswegen, und weil er sonst nichts mehr hat. Der spielt sich um Kopf und Kragen, sagen sie.«

Der Hochleitner schüttelt stumm den Kopf.

Ich kaue an dem Kartonbrot.

Der Vater schüttelt ebenfalls den Kopf.

»Ganz schlimm«, sagt er dann und schenkt sich zuerst und dann dem Hochleitner Rum nach, aber keinen Tee mehr darauf. In meine Tasse schaut er nicht einmal hinein. Mir fällt auf, dass der Vater überhaupt keine Tischmanieren hat, und vor jedem anderen außer vor dem Hochleitner hätte ich mich jetzt dafür geschämt.

Obwohl ich mit dem Essen gerade erst fertig bin, ist mir schon wieder kalt. Ich verschränke die Arme vor der Brust, reibe mir dann die Hände und blase hinein.

Der Vater schaut den Hochleitner an: »Dem Fräulein ist zu wenig geheizt.«

Sie lachen.

»Es zieht ja überall«, sage ich vorwurfsvoll. Statt dass er Tag und Nacht einen Ziegenstall baut, könnte er sich ja einmal die Dichtungen anschauen.

»Ja, eben, wozu dann heizen wie wild.«

Müde nehme ich meine Tasse und hebe sie kurz an, bevor ich einen winzigen Schluck nehme. Vielleicht tut mir so ein Rum sogar ganz gut, zumindest wärmt er mir den Kopf von innen.

»Der Fink hat sie untersucht«, fängt der Vater wieder von der Ziege an, »aber sie hat nix.«

»Der Zahnarzt?«, sage ich, und er bemerkt natürlich meine Ungläubigkeit.

»Na ja, glaubst du, der ist deppert, der Fink?«

»Ich glaub nicht, der ist deppert, ich sag nur, dass der Zahnarzt ist.«

»Ich dachte, Nervenarzt«, sagt der Hochleitner.

»Nervenarzt? Ach, darum tut es immer so weh«, sagt der Vater, und die beiden lachen sehr laut und sehr übertrieben.

Der Vater schenkt sich und dem Hochleitner noch einmal nach.

»Jedenfalls mach ich jetzt einen schönen Sozius aus Leder und auf vier Beinen, einen Bock für die Geiß vom Potutznik, weil der sich nämlich einbildet, dass die schreit, weil sie beim Randt ein Beistellvieh für die Rösser gewesen ist, und der Randt keine Rösser mehr hat.«

»Meine Güte, Probleme kannst du haben«, sagt der Hochleitner und stellt geräuschvoll seine Tasse auf den Tisch.

»Und dass ein Tierarzt sie mal untersucht, daran hat noch keiner gedacht? Das arme Tier muss leiden, weil ihr zu geizig seid für die Behandlung.«

»Ihr«, sagt der Vater, und der Hochleitner wiederholt es leiser. »Das ist aber schon immer noch das Problem vom Potutznik.«

»Dann helft ihm halt, wenn jemand offensichtlich leidet, warum helft ihr dann nicht einfach? Stattdessen sitzt ihr da und redet deppert daher!«

Der Vater erschrickt über meinen Ton. Als ich ihm starr in die Augen schaue, schaut er weg.

»Ja«, sagt der Hochleitner, »vielleicht sollte wirklich ein Tierarzt ...«

»Ich bitt dich«, schreit der Vater, »ein Tierarzt! Glaubst du, der kommt wegen einer Geiß? Und wenn, dann kommt er zum Abkassieren, das wohl! Aber ihr glaubt doch nicht, dass der ihr helfen kann! Der kann sowieso keiner mehr helfen, höchstens ein Ende machen kann er ihr, was wahrscheinlich sowieso besser wär.«

Ich starre den Vater immer noch an. Langsam wird er unsicher, aber diesmal bemüht er sich, standhaft zu sein.

Ich sammle die Teller ein, kann gar nicht aufhören, den Kopf zu schütteln. Er kapiert es nicht, er sieht die Parallelen zum Bruder auch dann nicht, wenn er mit dem Gesicht darauf fällt. »Aus deinem Leben hast du auch nicht viel gelernt«, sage ich.

»Aus meinem Leben«, fragt der Vater, »aus meinem Leben?« Da merkt er erst, woran ich denke, und tut sofort, als sei das vollkommen abwegig. »Ja, willst du das jetzt vergleichen? Willst du mir das jetzt sagen damit? Im vollen Ernst?« Ich ziehe Schal und Mantel an. »Wo willst du denn jetzt noch hin, so spät?«

»Spazieren«, sage ich und knalle die Tür zur Stube zu. Mit dem gewohnt lauten Krachen fällt die Haustür hinter mir ins Schloss.

12

In diesem Ort gibt es nur alle drei Kilometer einmal eine Straßenlaterne. Als ich auf das Wirtshaus zugehe, ist es stockdunkel, trotzdem sehe ich schon von Weitem, dass drinnen reger Betrieb herrscht. Ich bin mit starken Schritten hergekommen, die kalte Luft hat mir weniger ausgemacht, als ich befürchtet habe. Der Rum hat das Seinige getan.

Als ich eintrete und dabei meinen Schal löse, wird es still in der Gaststube. Wahrscheinlich hören sie schon an der Art, wie einer hereinkommt, dass es ein Fremder ist. Wie der Pfarrer in der Messe wissen sie genau, wer fehlt. Jeder hat seinen Platz, wer ihn freilässt oder tauscht, fällt auf, wer neu dazukommt, umso mehr. Auch die, die mich kennen, kennen mich ja nicht mehr. Und von denen, die ich kenne, wüsste ich lieber nichts.

Umso mehr überrascht es mich, den Städter zu sehen.

Fragend hebe ich die Hände. Was tut er hier? Er ist auf Reha. Ich bin mir sicher, er darf das nicht.

»Samstagabend!«, ruft er mir entschuldigend zu.

Er freut sich mindestens genauso wie ich und deutet auf die freien Stühle an seinem Tisch. Bedient worden ist er noch nicht, aber gemustert worden ist er, und nun, wo ich da bin, freut er sich auf Ablöse. Jetzt denken alle, Fremd und Fremd seien verabredet.

Ich zwänge mich, meinen Kamelhaarmantel über dem Arm, vorbei an den Vierertischen, wo Männer sitzen und Karten spielen. An manchen Tischen wird geraucht. Die Lungenärztin dürfte das nicht sehen, aber die Lungenärztin hat auch gesagt: begreifen, was der Seele guttut.

Es riecht nach Sauerkraut und Braten. Der Städter sitzt in einem hellgrauen Hemd an einem Ecktisch. Als ich mir vorstelle, wie sie ihn mit seiner Adam-Green-Frisur und seinen italienischen Schuhen angeschaut haben, kann ich nicht anders, ich muss lachen. Sein Gesicht hat mich nicht getäuscht, er hat wieder das gleiche.

Ich sage zum Gruß, dass er hier aber nicht sitzen dürfte, und wir schauen einander auf eine Weise an, die vertrauter ist, als sie eigentlich sein kann, was allein der Tatsache geschuldet ist, dass wir beide fremd sind. Er fragt, ob ich esse, und ich sage Ja, denn ich möchte bleiben. Er sagt, dass er am liebsten Sauerkraut und Braten essen würde, wenn er dürfte. Ich lese ein paar Alternativen auf der Speisekarte vor, obwohl ich weiß, dass es hier niemals Lachsrollen auf Blattsalat gibt, dass alles, was unter Fisch oder Vegetarisch steht, höchstens als Zierzeile zu verstehen ist.

Er erzählt von der Ernährungsberaterin, wie sie es schaffe,

dass man sich schuldig fühle. Allein wegen der Ernährungsberaterin müsse er etwas Gesundes bestellen, sie gebe sich große Mühe und sei bei all diesen Heinrichs und Friedrichs, die nun nie mehr Braten essen dürften, wirklich nicht zu beneiden. So ein Rehazentrum sei allein schon von all diesen Persönlichkeiten so voll, jeder komme mit seiner Geschichte, sitze am Tisch und in der Gruppensitzung, dass all sowas überhaupt in ein Haus passt.

»Es ist ein großes Haus«, sage ich.

»Auch einen Braten?«, fragt die schnaufende Kellnerin, die in ihrem robusten Körper eher wie eine Wirtin wirkt. Sie trägt keine Berufskleidung, sondern einen weißen Zopfpullover und eine Jeans mit einer sehr hellen Waschung. Unter den ledernen Gesundheitsschlapfen mit Keilabsatz trägt sie eine dunkelblaue Feinstrumpfhose, an einer Zehenspitze ist mit farblosem Nagellack ein Loch fixiert worden. Ihr Haar ist am Ansatz weiß und sonst schwarz und hinten von einer Plastikspange zusammengehalten.

»Nein«, sagt der Städter freundlich und merkt, wie es rundherum wieder stiller wird, obwohl sich alle bemühen, so zu tun, als wären sie im Gespräch. Er legt die offene Hand in meine Richtung, und ich sage, so selbstbewusst wie möglich, dass ich gern einen Blattsalat hätte.

»Blattsalat haben wir nicht«, sagt die Kellnerin, »nur Braten. Oder Bratwürstl mit Kraut oder Sulze. Und Kleinigkeiten, Toast und Würstl«, sie überlegt »ja, Würstl oder Toast.«

Der Städter räuspert sich, als er mein ratloses Gesicht sieht. »Vielleicht … irgendwas Vegetarisches?«

Die Kellnerin kneift die Augen zusammen, als müsste sie sehr genau nachdenken, dann sagt sie: »Vegetarisch direkt nicht. Beilagensalat haben wir, und einen Käsetoast kann ich machen, und Wurstsalat, aber der ist nicht vegetarisch.«

Wir bestellen Beilagensalat und Käsetoasts und zweimal Apfelsaft gespritzt. Die Kellnerin bemüht sich, höflich zu nicken, besonders beim Apfelsaft schaut sie kritisch. »Wir verraten dich schon nicht, wenn du ein Bier trinkst«, zwinkert sie.

»Danke, aber das geht wirklich nicht«, sagt er zu ihr, und in die mittlerweile offen verstummte Runde sagt er: »Herzinfarkt.« Von den Nebentischen ein Raunen. Die Ahs und Ohs, die leisen Flüche bekunden Mitgefühl, wenn auch mehr für die auferlegte Abstinenz als für den Herzinfarkt. Auf einmal muss ich lachen. Einerseits sind sie reserviert bis zur Feindseligkeit, dann wieder gibt es Dinge, die scheinbar jeden etwas angehen.

Der Städter kommt ursprünglich nicht aus der Stadt. Seine Fernbeziehung heißt Corinna, arbeitet in München und kommt aus der PR. Kürzlich trat sie ein Praktikum in Kalifornien an. Der Städter kommt von ganz woanders. Er stammt aus einem anderen Bundesland, ist damals zum Studium hergekommen und geblieben. Wo er herkommt, gibt es Rapsfelder und Vierkanthöfe. Wo er herkommt, rechnen sie in Hektar. Wo er herkommt, sei es, »nun ja, anders als hier«.

»Überall ist es anders als hier«, sage ich, und er will noch einmal hören, wie der Berg heißt, und ich sage: »Heu-kar-eck.« Er lacht über mein Gesicht, und ich überlege kurz, ob ich erzählen soll, wie es ist, hier im Schatten dieses Berges aufzuwachsen und keine Luft zu kriegen, einfach nie Luft zu kriegen, und ob ich sagen soll, dass ich diesen Berg immer noch verantwortlich dafür mache, diese Masse feuchten Steins immer noch dafür hasse, wie sie mir, dem Kind, tagein, tagaus in der Sonne stand. Stattdessen frage ich ihn nur, ob er sich vorstellen kann, wie weit das Meer von hier weg sei, und er sagt, wie mir scheint, sehr aufrichtig, ja, das könne er, »wirklich weit«.

»Was spielen die?«, fragt er, als unser Essen kommt. Der Salat ist eine Komposition aus Dosenfisolen, Dosenkarotten und Dosenmais. Ich hätte ihm das sagen sollen, denke ich beim Anblick der zwei gekräuselten Salatblätter und des Kartoffelsalats aus dem Glas, aber ich bin auch keine Fremdenführerin. Ich bin froh, über das Spiel sprechen zu können, erzähle alles, was der Großvater mir jemals über das Watten und die Spielweise hier in der Region beigebracht hat. Bald reden wir weniger über das Spiel als über die Motive auf den Doppeldeutschen, prüfen, woran wir uns erinnern können. Eine Figurengalerie aus seiner und meiner Kindheit tut sich auf: die Männer Könige, Edelmänner, Jäger, Ritter. Die Frauen entweder alt, fleißig und kaputt von der Arbeit, wie das Winterweibchen, das auf den Stock gestützt Brennholz trägt. Oder jung, in Blüte, ganz zur Freude, zum Genuss ihrer Betrachter. Rosig und schön, aber immer bei der Arbeit. Selbst inmitten prächtiger Blumen schneiden sie stets etwas zurecht oder sammeln etwas ein und sind tätig und dienlich zum Zweck der Gemeinschaft. In meiner wie seiner Kindheit gab es wenige Bilder, umso einprägsamer waren die Abbildungen auf den Spielkarten der Erwachsenen. So wurden uns also die Früchte des süßen Lebens und die Notwendigkeit der bitteren Arbeit farbenfroh und spielerisch als nicht voneinander zu trennende Tatsache präsentiert.

Als wir gegessen haben, versuchen wir, dem Spiel am Nebentisch zu folgen. Beim Städter zu Hause wurde eine andere Version gespielt, er will verstehen, wie es hier funktioniert. Ich erinnere mich, wie wichtig das Tarnen und Täuschen ist, das Tricksen und Bluffen. Ich habe mich zum Städter auf die Bank gesetzt. Die vier Männer am Nebentisch fühlen sich durch unsere Beobachtungen nicht gestört, im Gegenteil. Sie ziehen eine kleine Show für uns ab, übertreiben ihre Gesten, freuen sich an unseren Gesichtern, die zu erkennen geben, dass wir wenig verstehen.

Der eine ist der Schreiber, *erste Pressmaschine*, der mich nicht mehr erkennt. »Der Schreiber«, sage ich und deute auf den Linken, »spielt mit dem Gruber gegenüber. Der Gruber ist der Dünne mit der Lesebrille, der schreibt. Die Lesebrille ist, wie alles, was die tun, nur Täuschung. Die braucht er für die Karten ja nicht. Die hat er auf, weil er damit dem Schreiber bedeutet, welche Karten er hat. Nach oben für Ober, nach unten für Unter, Augenbrauenheben für Trumpf, sowas in der Art. Jeder hat so seine Codes, und die wechseln natürlich. Das Viererwatten ist das Übliche, aber man kann es auch zu zweit oder zu mehreren spielen.«

Der Städter schaut zu und begreift schnell. Wechselnder Trumpf, fünfzehn Punkte sind ein Bummerl für die Gegner. Ein Bummerl ist das schwarze Knäuel auf Grubers Block. »Als ich klein war, dachte ich immer, sie malen den See.«

Ich entschuldige mich für den Salat, er sagt, dass er sich auch aus hervorragendem Salat nicht viel gemacht hätte. Er fragt, ob wir noch etwas trinken. Wir bestellen Spritzer, in Erwartung des bitteren Weins ordern wir Eiswürfel und Zitronenscheiben dazu. Die Kellnerin, die alle Maria rufen, wundert sich schon nicht mehr über uns. Während wir anstoßen, schauen wir weiter zu.

»Das war jetzt bestimmt ein Fake. So auffällig, wie der sich am Kopf kratzt, ist das ein Fake. Das tut er nur, damit die anderen denken, er hat einen Ober.«

»Wie kann sein Partner wissen, was echt ist und was nicht?«

»Das kann er nicht, er muss es ahnen, den anderen kennen, den Spielverlauf im Auge haben. Wahrscheinlichkeiten für die Wahrheit muss er immer schätzen.«

Als der Wirt aus der Küche kommt, wird es kurz still in der Gaststube. Er wankt, hat ziemliche Schlagseite. »Der Einzige, dem die Arbeit geblieben ist, sauft sich am meisten an«, sagt der Gruber leise, aber laut genug, dass es jeder hört.

Alle lachen.

Die Männer spielen weiter.

Der Städter hat nichts vom Ende der Fabrik gehört. Er weiß nicht einmal, dass es in der Nähe eine gegeben hat. Ich erzähle von den Schokoladenbrezeln und dem Waffelbruch, aber auch von der Aluminiumfabrik und vom Krankenhaus.

Der Randt hat sich auf einen Barhocker sinken lassen. Es sieht gefährlich aus, wie er auf diesem herumrutscht.

Die Männer um den Schreiber und den Gruber unterhalten sich jetzt leiser, aber so, dass der Randt genau merkt, es geht um ihn.

Ich erzähle dem Städter von der Ziege, erzähle vom Aurel Potutznik und seinen Schwestern in Palästina, ich erzähle, dass dieser in einem der Häuser eingemietet ist, die dem Wirten gehören, der Wirt also eigentlich genug Geld haben müsste, um seinen Einsatz nicht mit Ziegen zu begleichen. Während wir sprechen, schaut der Gruber andauernd zum Wirten hinüber. Das Bummerl hat er bis auf die Tischplatte durchgemalt.

Auch der Wirt verzieht das Gesicht, als er merkt, wie der Gruber herüberschaut. Mit einem Ruck setzt er sich auf und fällt beinahe hintüber. Er schafft es, den Kopf oben zu halten, indem er ihn ein wenig nach hinten hängen lässt. So fixiert er das Gesicht der Kellnerin.

»Ich bin's dann«, schreit der Gruber, als die Partie für ihn und den Schreiber entschieden ist. Ohne herüberzusehen ruft er: »Zahlen, Maria!«

»Wenn der Gruber geht, dann brauchen wir dich aber«, sagt der Schreiber zum Randt. Der nickt mit geschlossenen Augen, den Blick der Kellnerin würde er vermutlich sowieso nicht mehr sehen.

»Sicherlich«, sagt der Wirt laut, »wenn der Gruber geht, steigt der Randt in den Ring.«

Die Kellnerin schaut den Gruber bitterböse an, als der aufgestanden ist und ihr einen Zehner über die Bar gegeben hat. Geschäftig räumt sie die Geldtasche wieder zur Seite und wischt mit dem Geschirrtuch eine Fläche sauber. Dann schaut sie ihn an und sagt: »Servus dann.«

Dem Gruber reicht es. »Gib nicht mir die Schuld, dass er sich nicht im Griff hat! Wir tragen ihm alle das letzte Geld herein. Dass er es nicht halten kann, ist nicht unsere Schuld.«

»Servus, Gruber«, sagt Maria noch einmal.

»Wird immer um Geld gespielt?«, fragt der Städter.

»Normalerweise ja. Außer eben, es ist keines da. Dann wird schon einmal um ein Stück Wald gespielt, Weideflächen, Pferde oder Kühe und zur Not eben um Ziegen.«

»Solange es keine Menschen sind«, sagt der Städter.

»Frau hat er, glaub ich, keine«, sage ich.

Der Städter hat gehört, dass der See dem Grafen gehört, und fragt, ob der See auch verspielt werden kann.

»Die Grafen spielen nicht«, sage ich, »die Grafen kennt niemand. Sie sind nie hier, denen gehört nur alles. Den See gibt es also nicht zu gewinnen. Der See gehört schon wem«, sage ich.

»Wie fast alles«, sagt er.

»So ist es«, sage ich.

Dann fragt er, ob wir spielen, und ich sage, da werde er aber kein Glück haben, und er sagt, dass das nichts macht, weil er bereits sehr viel Glück gehabt hat, und erzählt mir jetzt erst, dass er heute hier sei, um zu feiern. Ein ganzes *Jahr aus Glück*, das wirklich so heißt, ein Jahr bedingungsloses Grundeinkommen habe er zugesprochen bekommen, einfach so. Ein Kärtchen habe er ausgefüllt, ein kleines Kärtchen aus einer Klarsichthülle neben einem Plakat im Wartezimmer seiner Kardiologin. *Bewerben Sie sich jetzt für Ihr Jahr aus Glück* stand dort, erzählt er, und er bewarb sich, weil die Frage interessant war, weil die Frage zu dem passte, was ihm seit seinem Herzinfarkt im Zug nach Venedig durch den Kopf gegangen war, seit diesem verlängerten Wochenende mit Corinna, das so anders ausging, als er sich das vorgestellt hat, an dessen Ende er froh war, noch am Leben zu sein.

»Was war denn die Frage?«, frage ich, auf einmal lustlos, ärgere mich, ohne zu wissen, worüber.

»Wenn Sie ein Jahr lang nicht für Ihr Einkommen sorgen müssten, was würden Sie tun?«, rezitiert er.

»Und«, frage ich, »was würden Sie tun?« Er merkt meine Übellaunigkeit, wird unsicher. Er wollte die Stimmung nicht verderben.

»Ich hatte keine Ahnung«, sagt er leise, zurückgenommener jetzt.

»Aber Sie haben etwas geschrieben.«

»Ich habe etwas geschrieben. Wie auch immer. Lassen wir das.«

Ich schaue weg, kann nicht verbergen, dass er etwas zerstört hat. Gerade waren wir beide noch irgendwie Ausgespuckte, jetzt ist er auf einmal ein Gewinner.

»Jetzt verraten Sie mir doch wenigstens, was Sie geschrieben haben.«

»Ich verrate es Ihnen ein anderes Mal. Jetzt spielen wir.«

»Worum spielen wir?«

»Um ein Essen.«

»Ein Essen«, sage ich, »hier?«

»Wo sonst?«

Wir lachen wieder, ich gequält, er echt. Gewinner. Meinetwegen ist er eben ein Gewinner. Er schlägt vor, dass wir per Du sind, wenn wir jetzt schon spielen. Ich sage, dass wir auch so per Du sein können.

Er bittet mich, nicht beleidigt zu sein. Eine Weile hängt das Wort *beleidigt* schwer in der Luft. Er sagt: »Ich verrate es dir. Aber nicht jetzt.« Er schiebt sein Getränk von sich, als habe er auf einmal entschieden, dass Alkohol doch nicht das Richtige sei. »Wenn ich es dir jetzt verrate, rennst du davon.«

13

Ich brauche zwei Tage, um mich von dem Abend zu erholen. Am nächsten Tag fühle ich mich, als wäre ich betrunken gewesen. Erst am Abend lässt der Kopfschmerz nach, die Lunge pfeift den ganzen Tag und die darauffolgende Nacht. Dazu kommt ein Husten, ein tiefer Schleim sitzt fest und will sich nicht lösen. Alles hätte schön sein können. Bis er mit diesem Freijahr kam.

Der Städter ist einer der Menschen, die gewinnen, bevor sie überhaupt spielen. Ich könnte mir auch ein Beispiel nehmen, die Füße in die Hand, mir was abschauen. Da passt es gut, dass der Vater heute hinausfährt in meine Wohnung und den Postkasten leert. Da passt sie gut, meine Angst vor dem Arbeitsamt und ob sie mir schon schreiben. Da passt gut, dass Bea am Festnetz anruft und auf ein Treffen drängt, sie habe da vielleicht so eine Idee. Und da passt es eigentlich auch gut, dass ich endlich beschließe, das Handy wieder einzuschalten. Wenn ich mich nie stelle, gewinne ich auch nie.

Der Vater hat sich frühmorgens mit dem Anhänger auf den Weg gemacht. Er ist aufgebrochen, als ich noch geschlafen habe, es wird nicht später als sechs Uhr gewesen sein. Ich hole das Handy und krieche zurück ins Bett. Da ist auch die Angst, dass das Handy gleich wieder die Zeit verändert. Irgendwie geht hier alles viel langsamer. Oder bin ich es, die langsamer ist? Oder kommt mir die Langsamkeit nur langsam vor, weil ich das Handy nicht einschalte? Ich habe nichts gegen die Langsamkeit, sie ist mir gerade recht. Ich bin langsamer geworden, aber sobald ich mir mit allem Zeit lasse, schaffe ich mehr als vorher, als ich mich schnell gefühlt habe.

Jetzt jedenfalls halte ich trotzdem die On-Taste gedrückt, und das Telefon hört eine ganze Weile nicht auf zu vibrieren. Sofort fühle ich mich ein bisschen weniger langsam. Auf dem Display ploppen Namen auf: Gerlinde, Mama, Johannes. Johannes: *Und jetzt?* Johannes: *Kein Wort von dir?* Johannes: *Du fehlst mir. Hast du alles vergessen?*

Was meint er? Dass wir gefickt haben, sein vogelkundiges Gequatsche über den Maskenweber, den Abend im armenischen Restaurant? Das ist *alles*? Fällt ihm nicht auf, dass das ziemlich wenig ist dafür, dass es alles sein soll?

Eine Festnetznummer, die ich nicht kenne, hat mir eine Sprachnachricht hinterlassen. Das Arbeitsamt? Oder schlimmer: das Bezirksgericht? Ich setze mich im Bett auf, die Mischung aus Angst und Neugier siegt, ich tippe mich zu der Nachricht durch.

Es ist diese sehr bemühte Pflichtverteidigerin, eine junge, ziemlich verkniffene Frau, die immer etwas zu große Hosenanzüge trägt. Mit einem leicht genervten Unterton teilt sie mir mit, dass sie mich leider zum wiederholten Mal nicht erreicht, dann räuspert sie sich feierlich, und ich setze mich gleich noch gerader hin. Sie wolle mir mitteilen, sagt sie, dass »die Sache«, wie sie mein Vergehen an Frau Schwartz nennt, als »mittlere Fahrlässigkeit« eingestuft worden sei. Ich weiß sofort, was das ungefähr bedeutet, ich weiß, dass das eine gute Nachricht ist. Weil die Folgen aber ernst hätten sein können und das Leben der Patientin in Gefahr gewesen ist, wird ein Teil des zivilrechtlich geforderten Schadenersatzes statt allein auf die Klinik auch auf mich persönlich fallen. Es handle sich dabei um zweitausend Euro, mein Gehalt sei berücksichtigt worden. Für mich bedeute das, ich zahle, und die Sache sei erledigt. Berufsverbot bestünde keines. Sie lässt mich außerdem recht herzlich grüßen und wünscht mir alles Gute, bei Unklarheiten könne ich mich freilich jederzeit melden. Das alles komme natürlich auch noch per Post. *Tu-ut.*

Ich atme auf. Berufsverbot! Ein Berufsverbot wäre furchtbar gewesen, auch wenn ich nie mehr in diesen Beruf zurück möchte. Ein Berufsverbot, das ist etwas zum Schämen, auch, wenn nie jemand davon erfährt. Egal jetzt, denke ich, während ich mich in die Polster zurückfallen lasse, alles egal jetzt, ich zahle Schmerzensgeld, Hauptsache, Frau Schwartz fühlt ihren Schaden beglichen, Hauptsache, ich kann mir einreden, aus der Sache raus zu sein.

Ich gehe nach unten, beeile mich mit dem Frühstück und ziehe mich gleich nicht allzu warm an. Wo ich hinwill, geht es steil bergauf. Ich nehme mir vor, mir Zeit zu lassen, aber eine gute Stunde werde ich schon gehen, bis ich oben beim Bruder im Sanatorium bin, das hinter den Dörfern liegt.

Schmerzensgeld. Das Wort geht mir noch durch den Kopf, als ich die steile Straße entlanggehe, der Ort schon hinter mir liegt. Ich habe bloß einen Stoffbeutel, mein Portemonnaie und eine Flasche Wasser mit. Die Flasche ist jetzt schon halbleer. Schmerzensgeld, ich frage mich, ob mein Pflegefehler Frau Schwartz wirklich mehr wehgetan hat als mir und welcher Schmerz mehr zählt. Ich wäre lieber geschädigt worden, als jemandem Schaden zuzufügen. Ich hätte lieber »nicht so schlimm«, gesagt, als »es tut mir leid«. Hätte lieber verziehen, als mich entschuldigt.

Mein Vater hat sich beim Bruder nie entschuldigt. Wofür auch, hätte er gesagt. Es gibt doch das Attest. Der Vater hat getan, was der Betriebsarzt gesagt hat, und ignoriert, worum Mutter gebeten hat. Der Vater fühlt sich nicht rücksichtslos. Er fühlt sich gar nicht. Er ist, wie seine Kultur ihn hervorgebracht hat. Dann war der Bruder unmündig, sprach nicht, oder nur Schwachsinn, oder Dinge, die niemand verstand, oder Dinge, die jeder verstand, aber nicht im Zusammenhang. Ich glaube nicht, dass der Bruder weiß, dass der Vater ihm etwas schuldet, und wäre das nicht die Voraussetzung?

Ich frage mich, warum ich mich nie gefragt habe, was die Unterbringung des Bruders kostet, und ob das Pflegegeld, das er bekommt, nicht mehr hergeben müsste als eine bloße Verwahrung. Und vielleicht tut es das auch, und ich weiß es nur nicht. Wir wissen das nicht, weil wir lieber zahlen, als uns zu involvieren. Etwas haben wir, die Familie, verwechselt: Von der Konfrontation mit dem Schmerz haben wir uns freigekauft, aber das heißt nicht, dass er nicht mehr existiert. Sobald wir hinsehen, hin und dann gleich wieder weg, sobald wir beginnen, nachzudenken, aufzurollen, auszusprechen, lassen wir zu, dass er über uns kommt, dieser Schmerz. Solange der Bruder nicht sagen kann: Du bist schuld, und solange der Vater seine Schuld nicht eingesteht, bleibt sie nichts als Behauptung, die Schuld. Niemand denkt ja an sie, und niemand spricht von ihr. Was nicht gesagt wird, ist nicht da. So war das bei uns immer: Alles muss immer ich aussprechen. Jede Konfrontation muss herbeigeführt werden, von allein geschieht sie nicht. Sollte damit nicht längst genug sein? Wieso soll ich immer die Wahrheit hineinreklamieren, nur damit jemand sich auseinandersetzt? Ich will nicht mehr die sein, die ihnen die Worte zuwirft. Vom ganzen Reden bleibt mir schon die Luft weg.

Der Städter hat sich von der Verpflichtung, eine Arbeit zu suchen, freigespielt. Der Städter hat mir erzählt, dass er gespielt und gewonnen hat. *Freiheitsgeld* hat er es genannt. Sollte ich mich nicht freuen, dass dem Städter jemand seine Freiheit bezahlt? Stattdessen habe ich mich geärgert, als er davon angefangen hat. Allein der Name, *Jahr aus Glück*, so etwas Leichtfertiges, so etwas Dämliches, Kurzsichtiges, Falsches, nicht arbeiten zu müssen gleichzusetzen mit Glück. Ich arbeite auch nicht, und was ich dabei fühle, ist viel, aber Freiheit und Glück sind es nicht.

Mitten auf der Straße verläuft ein Viehgitter quer über den Weg. Ich stelle Fuß vor Fuß, um nicht abzurutschen und hinein zu knöcheln. Ich erinnere mich, wie meine Füße für diese Gitter noch zu klein waren, wir uns querstellen mussten, oder an der Seite vorbeihangeln.

Verfeinerung, denke ich, dem Städter fehlt alles Grobe. Auch mit seinen großen Füßen würde der Städter hier durchrutschen. Auf Zehenspitzen würde er über das Viehgitter gehen.

Er hat sofort gespürt, dass er etwas Falsches gesagt, mich verstimmt hat. Das war das Letzte, was er wollte, das habe ich gesehen. Ich habe mich nicht freuen können für ihn. Ich habe nur noch daran denken können, was mir alles bevorsteht. Die Gesundschreibung, und was das heißt. Die Konsequenz einer solchen *Gesundschreibung*. Dass man mit Ablauf eines Jahres als langzeitarbeitslos gilt. So ein Jahr steht mir also bevor, ein Wettlauf, der gleichzeitig ein Zeitstillstand ist, ein Jahr mit zu wenig Geld, ein Jahr, in dem ich Suppe koche für den Vater, ein Jahr, in dem ich mich um ihn kümmere anstatt er sich um mich. Wenn eine Frau ausfällt, muss die andere herhalten. So geht das Rezept zur alten und ewigen Suppe.

Einen Plan soll ich wohl ausgraben, einen Wunsch, aber was wünsche ich mir eigentlich, außer ganz zu genesen, atmen zu können und Luft zu kriegen, die Angst vor dem Ersticken zu verlieren. Den Körper und das Konto gleichermaßen zu erhalten, da wie dort ohne größere Sorgen zu überleben. Vielleicht bin ich deswegen so zusammengesackt in mir selbst, auf dem Stuhl ihm gegenüber, weil ich nicht einmal weiß, was ich mir wünschen soll, während sich die Wünsche des Städters bereits erfüllen, bevor er sie überhaupt hat.

Ab da ist es nicht mehr schön gewesen. Ich habe mich gehasst dafür, dass ich mich nicht freuen kann, und er hat sich entschuldigt und gar nicht genau gewusst, wofür. Draußen in der Nacht waren wir dann beide traurig und wollten irgendwas retten, führten einen kleinen Tanz auf, weil er einen Schritt auf mich zumachte und ich einen zurück, den ich dann aber wieder zurücknahm, was er nicht sah, weil er da bereits zu Boden schaute.

So kann man auch einen Abend versauen, denke ich, und dass ich bezahlt habe, hilft mir jetzt wenigstens ein bisschen. Was bin ich unedel! Ich bin so unedel, ich müsste mir tagein, tagaus selber Schmerzensgeld zahlen, weil ich mich ertrage. Statt dass ich gesagt hätte: »Ja, nimm dieses Geld und ändere was, ändere dein Leben, du hast eines geschenkt bekommen, ein Herzinfarkt ist kein Luxusinfarkt.« Warum habe ich das nicht einfach gesagt, mich gefreut, dass er gewinnt, darauf vertraut, dass das strahlt, mich ebenso anstrahlen wird. Stattdessen habe ich Angst gehabt vor dem Licht, das diese Sache auf mich wirft.

14 **Bis zum Sanatorium sind** es drei Viehgitter. Das Sanatorium haben sie mindestens dreimal umbenannt, es heißt schon lange nicht mehr Sanatorium. Als Kind bin ich hier oft gegangen, die Eltern wollten mich nicht verwöhnen und haben mich nie gefahren. Wenn ich nicht gehen wollte, sollte ich autostoppen, also ging ich gern. Seit ich hier bin, war das mein weitester Gang, aber meine Beine gehen den Weg von allein, und die Lunge macht mit, obwohl es noch kalt ist, obwohl es noch lange nicht taut. Vor allem im Schatten liegt knietief der Schnee, grau und braun von den Abgasen der Autos. Als ich oben ankomme, bin ich verschwitzt und außer Atem, trinke die letzten Schlucke aus der Flasche und öffne den Mantel. Einen Augenblick halte ich inne. Ich habe das alles lange nicht mehr gesehen.

Erst jetzt, wo ich vor dem Eingang zum Schlossareal stehe und mich noch einmal umschaue, fällt mir auf, dass dieser kleine schwarze Fleck dort unten zwischen den Hügeln der See in Miniatur ist, eine winzige Nachbildung des echten Sees, unten im Ort. Und dass das Schloss, das zwar nicht weiß, wie unten, sondern in zartem Rosa hinter diesen Mauern des Sanatoriums thront, zwar anders aussieht, aber dass beides zusammen, der See und das Schloss, in dieser Anordnung doch so wirken, als habe jemand, die Geister, die Götter, die Klosterschwestern, die hier immer schon die Aussortierten umsorgten, mit einem Baukasten nachgespielt, was sich unten in der Wirklichkeit zuträgt.

Ich gehe unter dem Torbogen durch. Alles hier ist ein wenig Kleinwirklichkeit. *Zum Dorfladen* steht auf einem der hölzernen Schilder, die angelegt sind wie Wegweiser. Das hier ist kein Dorf, es bleibt eine Großeinrichtung, eine Verwahrungsanstalt.

Ich kenne den Weg noch, den ich immer gegangen bin, auf der Innenseite der Außenmauer, die auch wieder in bunten Farben bemalt worden ist, wie von Kindern. Hier wohnen keine Kinder, für Kinder ist das hier nichts, und die aufgesetzte Fröhlichkeit, die diese bunten Malereien vermitteln sollen, wirkt deplatziert und deprimierend.

Ich kenne diesen Weg noch gut, weiß genau, wo ich abbiegen muss, um in den Trakt zu gelangen, in dem David untergebracht ist. Es wird sich nichts geändert haben. Hätte sich etwas geändert, wäre das etwas gewesen, was Mutter am Telefon erzählt hätte, als sie noch hier gewesen ist. Mutter wird, bis sie sich anders entschieden hat, wie immer jeden zweiten Freitag, wenn keine Musiktherapie ist, mit dem Rundbus heraufgefahren sein und ihren Sohn besucht haben.

Angehörige müssen sich hier nicht anmelden, wenn sie kommen. Das ist ein Trakt, in den alle hineindürfen, aber niemand darf hinaus.

Manchmal habe ich mir eingebildet, dass David fühlt, was ich fühle, wenn wir voreinander stehen. Dass wir dann wieder die beiden Kinder sind, die einander brauchen, einander bedingen sogar. Du bist ein Teil von mir, ich bin ein Teil von dir. Dass es keine Rolle spielt, was er daherredet oder ob er für immer schweigt. Eines Tages werde ich aufhören, mir Vorwürfe zu machen dafür, dass er hier ist, so wie Mutter vielleicht erst jetzt damit aufgehört hat.

Ich klopfe leise an die Tür.

Ich klopfe noch einmal, dann drücke ich zaghaft die Klinke hinunter. David sitzt mit seinen angezogenen eckigen Knien in einer grauen Jogginghose auf der Fensterbank. Er trägt ein weißes T-Shirt, auf dem Flecken sind. Kaffee oder Schokolade, beides vielleicht. Als er mich sieht, regt sich nichts in seinem Gesicht. Sein Blick streift mich bloß, wie er auch die Wände und die Tür und das Bücherregal streift, in dem Kinderbücher stehen, die er gar nicht lesen kann. Seine blonden Haare sind fettig. Er ist erwachsener geworden, seit ich ihn zuletzt gesehen habe, noch einmal kantiger, irgendwie wirkt er größer.

»Hi«, sage ich und schließe die Tür hinter mir. Er wendet den Blick ab. Wir haben einander so lange nicht gesehen, dass es möglich wäre, dass er mich gar nicht sofort erkennt. Ich sehe anders aus, aber ich weiß gar nicht, wie sehr David auf so etwas achtet. Ich vermute, er achtet gar nicht darauf, ich vermute, er achtet auf andere Dinge, von denen ich nichts weiß. Manchmal fängt er unvermittelt an zu schreien und zu toben, und niemand kann sagen, wieso. Trotz der Kanten um seine Kiefer wirkt sein Gesicht leicht gepolstert. Vielleicht kriegt er Medikamente. Bestimmt kriegt er Medikamente. Alle hier kriegen Medikamente, und alle hier gehen regelmäßig zur Psychiaterin, bis sie nicht mehr wissen, ob sie gehen, weil sie ein Problem haben, oder ob sie ein Problem haben, weil sie gehen.

Davids Zimmer ist schon lange das gleiche. In all den Jahren, es müssen fast dreißig sein, ist er nur einmal umgezogen. Ich darf nicht darüber nachdenken, was für ein Leben das ist. Nicht nur, weil ich es nicht ertrage, auch weil es mir nicht zusteht. Ich kann nicht beurteilen, wie David sich fühlt oder wie es ihm hier geht. Bei uns könnte er nicht leben. Aber stimmt das überhaupt? Ich kann mich der Vorstellung nicht entziehen, wie es wäre, wenn er bei uns lebte. Ich im Haus mit zwei Verrückten, die dann meine Arbeit wären. So enden Frauenleben auch, würde der Vater sagen.

Sein ganzes Zimmer hat etwas Gewolltes, etwas Auferlegtes. So hat sich jemand Behaglichkeit vorgestellt, dabei aber übersehen, dass mit jeder Papiersonne die Trostlosigkeit nur noch größer wird. Zwischen all diesen bunten Polstern und gelben Sonnen und den Sternenvorhängen sitzt David da wie ein lebloser Teddy, der hinaus in diese nachgebaute Welt schaut, auf den Nachbausee und das Nachbauschloss.

»Darf ich mich zu dir setzen?«, frage ich.

So war das immer: Ich sage etwas, er sagt nichts. Oft ist es besser, wenn er nichts sagt, denn manchmal ist das, was er sagt, so unpassend, dass es einem Angst machen kann.

Ich stelle mich neben ihn, setze mich aber nicht hin. Ich bleibe stehen und schaue auch aus dem Fenster, schaue dahin, wo er hinschaut, auf den schwarzen Fleck zwischen den Hügeln. Ich rieche seinen Schweiß, er riecht mein Haar. Er macht einen tiefen Atemzug durch die Nase. Wir sagen nichts.

Dann ändert sich etwas. Ich spüre, dass ich ihm zu viel werde. Ich spüre, dass ich abrücken soll, vielleicht sogar gehen. Es war nicht falsch, herzukommen, aber es bringt nichts, es unnötig in die Länge zu ziehen. Er kann sich nicht freuen, mich zu sehen, ich kann nicht verbergen, wie wenig ich mich freue, dass er sich nicht freut.

»Ich hab dich lieb«, sage ich, weil ich das denke. Ich sage das so, wie wir uns das als Kinder gesagt haben, in den Büschen versteckt, wenn wir uns verschworen haben. Ich hab dich lieb, ich bin ein Teil von dir, du bist ein Teil von mir. Das haben wir nicht gesagt, das hat unser zuckerstangensüßer Atem gesagt, unsere verschwitzten Shirts, das haben unsere dreckigen Hände gesagt, die einander festhielten, gegen die Nachbarskinder, gegen die Bootshausgeister, gegen die Welt. Ich hab dich lieb. Wie wir es im Kinderfernsehen gelernt haben.

»Ich bin jetzt wieder da«, sage ich noch, »sie haben mich rausgeschmissen im Krankenhaus. Ich habe einer Frau ein Medikament gespritzt, das sie nicht vertragen hat. Sie hätte sterben können.«

David verzieht das Gesicht zu etwas, das ein Lachen, aber auch ein Gähnen sein könnte. Er reißt den Mund auf.

»Zum Glück ist sie nicht gestorben. Aber ich bin jetzt keine Krankenschwester mehr.«

Seine Hände halten seine Knie, aber er wirkt nicht angestrengt. Er wippt ganz leicht auf und ab.

Er müsste so nicht riechen. Es wird nicht leicht sein, ihn zu duschen, und trotzdem. Im Krankenhaus war es leichter mit schwierigen Patienten. Wenn gar nichts hilft, hilft der Trost, dass sie bald wieder gehen.

Als mein Blick durch das Zimmer wandert, denke ich, dass es hier gewesen sein muss, dass David einmal so lange den Schädel gegen die Wand schlug, bis er geblutet hat. Jemand muss die Wand danach gewaschen, geweißt und wieder mit Papiersonnen beklebt haben.

»Ich geh dann jetzt«, sage ich schließlich, »bis bald.« Ich berühre ihn an der Schulter, die ganz knochig ist.

Kurz sehe ich ihn vor mir, wie er mit nacktem Bubenrücken den Waldweg hinunter zum See geht, wie er einen Stock trägt, ein Stück Ast, wie wir uns vorgestellt haben, dass daran ein Beutel mit Gold hing, wie wir es bei der Nachbarin im Kabelfernsehen gesehen haben. Ich weiß nicht, ob sich das so zugetragen hat. Es fühlt sich nicht an wie eine Erinnerung, mehr wie ein Traum. Das ist vielleicht der Ort, denke ich, an dem wir einander am besten begegnen. Nicht hier, in Kleinwirklichkeit, und nicht draußen, in diesem Leben mit seinen Medikamentenallergien und Berufsverboten. Irgendwo in uns drin sind wir noch diese Kinder. Irgendwo in uns drin ist noch alles gut.

15 **Kurz nachdem ich hungrig** und verschwitzt vom Bruder zurückkomme, steht Bea vor der Tür. Mit ihren rotbraunen Locken, der lilafarbenen Brille und ihrem zweijährigen Kind im Arm. In der gleichen Hand hält sie ein langstieliges Gestrüpp mit blauen Blüten. »Disteln«, sagt sie, »ich hab mir gedacht, die gefallen dir«, und einen abgepackten Kuchen mit Schokoladenglasur reicht sie mir in einer Stofftasche, »sonst bleibt die Kleine nicht sitzen.«

Ich wusste nicht, dass Bea ein Kind hat. In meiner Erinnerung mochte Bea keine Männer, oder jedenfalls irgendwann nicht mehr, oder, als sie kein Teenager mehr war und sich irgendwann traute, zu mögen, was sie mochte, aber direkt darüber geredet haben wir nie. Wie wir ja auch über Antonia nie redeten.

Das Kind heißt Askja, Beas Mutter helfe ihr zum Glück. Die arbeite jetzt für Bea, damit Bea arbeiten könne. Zum Glück ginge das meiste von zu Hause aus, nur einen Tag in der Woche fahre sie in die Stadt. »Mit dem Auto, Öffis kannst du von hier aus vergessen«, lacht sie.

Sie lacht viel. Ich sollte auch öfter lachen. Ich lächle. Bea sagt oft Sätze wie »was soll's« oder »was willst du machen«. Während Askja das Kuchenstück unter dem Tisch zerbröselt, erzählt Bea, dass Askjas Vater aus Schweden kommt, und dass er dort, wenn es nach ihr ginge, auch bleiben kann. So war Bea immer: Wenn etwas nicht gut lief, sagte sie das geradeheraus. »War eifersüchtig, aber so auf die krankhafte Art«, kommentiert sie knapp. Katastrophen packt Bea an wie Bauvorhaben. Wenn eins abgehakt ist, kommt das nächste: »Was soll's.« Sie nimmt einen großen Bissen vom Kuchenstück, das sie in der Hand hält. Zwischendurch füttert sie das Kind unterm Tisch. »Wie geht es dir?«, fragt sie dann.

Bea hört sich alles an. Sie ignoriert das Kind, als es an ihrem Hosenbein zerrt und etwas will, das ich nicht verstehe, bis das Kind selbst zu vergessen scheint, was es wollte, und wieder erfreut mit den Händen über den Bröselboden wischt. Ich erzähle. Erzähle zum ersten Mal von Anfang an, erzähle alles, was ich dem Vater nicht erzählen kann, oder nur ohne Resonanz. Ich erzähle von den straff gewordenen Diensten und der Müdigkeit, von der Lunge und vom Atmen, ich erzähle von den bleibenden Schäden und vom Inhalator, und wie schnell es mir besser ging, zum Glück, oder auch leider, wie zweischneidig die Sache mit der Gesundschreibung sei, wie wenig ich bereit sei, mich zu kümmern. Auch vom Städter erzähle ich und von dem Essen, das ansteht, von seinem Jahr aus Glück, Corinna und dem Herzinfarkt. Bea lacht. »Die volle Versehrtenpartie«, sagt sie. Ich erzähle, dass Mutter gegangen ist, erzähle vom Vater und seinen Provokationen, dem Spiel mit seiner Gesundheit, den Tiraden über mögliche Krankheiten. Sie verdreht die Augen.

»Du hast doch viele Talente«, sagt Bea. »Im Zeichnen warst du immer so gut.«

»Im Zeichnen«, sage ich.

»Ja, was?«, sagt sie.

»Na ja«, sage ich, »also ich wüsste nicht, in welchem Beruf ich so ein Talent gebrauchen könnte.«

»In der Technik natürlich, auf dem Bau. Motoren und Maschinen statt Blut und Scheiße«, lacht sie, »Kessel und Behälter statt Verbände und Pflaster. Leitungs- und Schaltpläne statt Spritzen und Infusionen.«

Wenn Bea was sagt, klingt das immer, als sei alles wahnsinnig einfach: Wenn du gut im Zeichnen bist, wirst du halt Zeichnerin, so wie ein mal eins eben eins ist. Ist doch alles gar nicht so schwer. *Einatmen, ausatmen.*

»Mit deiner Lunge hättest du schon früher einen Bürojob machen sollen. Und das Plänezeichnen hält dir die Menschen vom Leib. Dafür, dass du dich mit rechten Winkeln anstatt menschlichen Katastrophen auseinandersetzt, verdienst du auch noch gut.«

Und tatsächlich, Beas schulterzuckender Gleichmut wirkt. Ihre Kühnheit steckt mich an. Irgendetwas an dieser Vorstellung fühlt sich gut an. Das hat etwas mit dem Gerede vom Hochleitner und dem Vater zu tun, aber auch etwas mit der Vorstellung davon, dass meine zukünftige Arbeit vor mir auf einem kühlen Bildschirm liegt und nicht in einem warmen Bett. Vor allem aber hat es mit Menschen wie Bea zu tun, Menschen wie Bea und der Städter, die schulterzuckend durch die Welt gehen: Alles gar nicht so schwer.

Dann wird Askja immer quengeliger. Wir vereinbaren, bald einmal miteinander spazieren zu gehen. »Dann reden wir weiter«, sagt Bea, »ich fühl mal im Büro vor. Wenn es wärmer ist, gehen wir auf die Bodenleiten. Im Frühling ist es auf der Bodenleiten so schön«, sagt Bea zum Abschied, »ich wette, das weißt du gar nicht mehr.«

Als Bea gegangen ist, hängt dieser Satz im Vorhaus. *Ich wette, das weißt du gar nicht mehr.* Wie auch sonst einiges. Dass ich immer gut war in Zeichnen. Die Sache mit Antonia. Dass alles gar nicht so schwer ist. Dass wir einmal davon redeten, uns dort oben zu verschanzen, in der Bodenleiten, einfach nicht mehr hervorzukommen, auf ewig. Und dann hast doch wieder du an meiner Rinde gekratzt und ich an deiner. *Kannst du mein Bruder sein, meine Schwester, meine Familie?*

Der Vater ist wortkarg und bringt Berge von Zeug. Schwitzend trägt er eine Bananenschachtel nach der anderen zu mir herauf in die Wohnung, und als er im Gang nichts mehr abstellen kann, stellt er die Kisten auf die Treppe. Jede einzelne hat er säuberlich beschriftet: *Hosen und Röcke* steht auf einer, *T-Shirts und Pullover* auf einer anderen. *Jeans*, eine ganze Schachtel extra, *Wintersachen*, *Sonstiges*. Er ist erschöpft. Ich stelle mir vor, was er gedacht haben muss, als er in meine Wohnung kam, in der er nie zuvor gewesen ist. Was er gedacht haben mag, als er die Tür aufgeschlossen und die hellen Zimmer gesehen hat, den alten Baum vor dem Fenster. Was ihm durch den Kopf gegangen ist, als er die Bilder an der Wand gesehen hat, Bananen in Neonfarben, den plattgefahrenen Feuersalamander. Was er gefühlt hat, als er mit den Schuhen in dieser fremden Wohnung stand, die seine Tochter viele Jahre bewohnt hat, ob er sich geärgert hat, kein einziges Mal hier eingeladen gewesen zu sein, oder ob ihm das, viel wahrscheinlicher, in diesem Moment erst bewusst geworden ist. Wahrscheinlich hat er Mutter vermisst, in dem Sinn, dass er mit ihr geredet hat, mit einer fiktiven Ehefrau, wie er manchmal mit den Küchenkästen redet oder mit der Klospülung, eigentlich aber mit ihr redet, wenn wieder der Wasserdruck nicht stimmt. So wird er es auch getan haben, als er in meiner Wohnung stand, lange bevor die Ersten zum Besichtigungstermin gekommen sind: »So hat sie also gelebt.«

Eine kleine Kiste stellt er feierlich vor mir auf den Couchtisch.

»Was ist das?«, frage ich.

»Deine Zeichensachen«, sagt er. »Ich hab das ganze Zeug zusammen in die Kiste gepackt. Lag ja überall was herum, verteilt auf zehn Plätze.« Etwas daran scheint ihn glücklich zu machen, an den Zeichensachen hat er mich wiedererkannt.

Diese alten Sachen habe ich jahrelang nicht benutzt, in dieser Wohnung eigentlich nie. Ich habe Bleistifte in HB, *Hard Black*, Farbstifte, Papier und Kreidestifte, Ölfarben, Tupftücher, Fixierfarbe, nur noch besessen und von A nach B übersiedelt, aber benutzt habe ich das alles nie mehr. Ich hätte mich wie ein

Kind gefühlt, komisch irgendwie, hätte ich mich einfach hingesetzt und begonnen zu zeichnen.

Wortlos schmeißt er die Post obendrauf. Es ist ein ganz schöner Packen. Weiße, braune und blaue Kuverts.

»Deine Tür ist kaputt«, sagt er.

»Welche Tür?«

»Die Schiebetür zum Bad, die klemmt.«

»Die klemmt schon lange.«

»Und deswegen muss man sie nicht richten? Dass du nie was gesagt hast ...«

»Gesagt, du bist gut. Ich habe keine Zeit gehabt? Es war mir egal?«

»Dass im Bad die Tür nicht zugeht?«

Ich bin allein. Ich hätte sagen sollen, ich bin ja allein, das ist doch egal, ob die Tür nun ganz zugeht oder nicht. Aber ich merke schon, dass der Vater das anders sieht. Er ist auch allein, und eben weil er allein ist, ist es überhaupt nicht egal, ob die Tür nun ganz zugeht oder nicht. Wenn bei ihm einmal eine Tür nicht mehr zugeht, entgleitet ihm das, worüber er noch Kontrolle hat.

Er klopft nach seinen Zigaretten.

»Danke, Papa«, sage ich, »ist ja alles gutgegangen.«

»Ja, sicher ist das gutgegangen.« Er zuckt gleichgültig mit den Schultern. »Warum hätte das nicht gutgehen sollen?«

Ich schnaufe und wende mich der Post zu.

Einer der Briefe ist von Mama, ich erkenne ihre Handschrift sofort. Er auch.

»Dir schreibt sie und mir nicht«, sagt er und zieht die Augenbrauen in die Höhe. Mit den schweren Schuhen steht er mitten im Zimmer. Er merkt, dass ich auf seine Schuhe schaue, und steht demonstrativ weiter da, als würde er sagen wollen: Die Arbeitsschuhe habe ich an, weil ich den ganzen Tag arbeite, für dich.

»Du würdest ihr niemals antworten«, sage ich.

Er weiß, dass das stimmt.

»Sind noch viele Kisten unten? Soll ich dir helfen?«, frage ich, in der Hoffnung, dass er endlich geht.

»Nein, das geht so. Ich stell den Rest auf die Treppe, schön an die Wand. Dass du nicht fällst, wenn du vorbeigehst. Ich muss mich hinlegen, mir tut alles weh.«

»Vom Tragen tut dir alles weh«, sage ich.

»Wer weiß, woher das kommt«, sagt er.

Als er geht, atme ich auf. Der Streit neulich war wie zu erwarten kein Thema mehr, auch wenn jetzt wieder spürbar wird, dass nichts bereinigt ist zwischen uns. So war das immer: Wenn es Streit gibt, wird der ausgesessen.

Wenn man wieder bereit ist zu tun, als wäre nichts, ist der Streit beigelegt, und jeder schluckt seinen Restzorn hinunter und reißt sich zusammen, damit er den anderen wieder anschauen kann, zumindest kurz.

»Du schuldest mir was«, sagt der Vater, als er schon unten steht, »geh zum Potutznik, das Vieh bringt ihn noch zur Verzweiflung.«

Ich will friedlich sein, es war ein langer Tag. »Ist gut«, sage ich, »ich schau morgen bei ihm vorbei.«

Als er endlich weg ist, lasse ich mich aufs Bett fallen und reiße Mutters Brief auf. Er ist von vor zwei Wochen. Ein unscheinbares Kuvert mit einem kräftigen Blatt Papier darin. Das ist Briefpapier, das sie eigens gekauft hat. Wie ungewöhnlich für Mutter, für so etwas Geld auszugeben. Überhaupt für etwas Geld auszugeben. Es war ja nie ihr eigenes. Ich frage mich, ob auch David einen solchen Brief erhalten hat. Ob Mutter jetzt auch Briefe schreibt, von denen sie weiß, dass niemand sie liest.

Liebe!
Wie oft würde ich gerne mit dir reden. Hier haben sich die Ereignisse überschlagen. Ich bin nicht mehr bei der Privatbahn. Sergios Eltern haben ein Restaurant in Syrakus, eine kleine Pension ist auch dabei, vier Zimmer. Es ist wie im Traum. Alles ist aus Stein gebaut, und jeden Tag das Meer! Zitronenbäume duften. Ich lerne die Sprache. Gäste kommen. Ich habe Boot fahren gelernt. Besuch mich! Hier kriegst du Luft. Ich frage mich, wieso wir nicht früher fortgegangen sind. Ich meine, wir hätten die Möglichkeit gehabt, wir alle. Ich frage mich, wieso wir immer geblieben sind, wo wir waren, während anderswo die Zitronen blühten.
Bitte mach dir keine Sorgen. Und gönn mir mein Glück!
Mama

Eine Weile sitze ich ratlos zwischen meinen Schachteln und weiß gar nicht, warum mir die Tränen kommen. Syrakus! Sie tut, als wäre sie niemandem etwas schuldig. Sosehr ich auch versuche, sie mir in diesem sizilianischen Küstenleben vorzustellen, so wenig gelingt es mir. Die Feinstrumpfhose wird sie ausgezogen haben. Die Uniform, Größe 34, wird im Schrank hängen, in irgendeinem sizilianischen Bauernschrank. Sergio! Sosehr ich mir auch vorstellen mag, wie sie sich bewegt, wie sie lacht, was sie tut, dass sie ein Boot lenkt, der Wind durch ihr Haar fährt. Ich bringe diese Bilder nicht zusammen.

Ich sehe nur Mutter vor mir, die ich kenne, sehe sie, an einem Vormittag im Spätsommer, wie sie den Rosenstrauch zurechtschneidet. Ich bin klein, aber nicht mehr ganz klein, ich kann schon allein bleiben. Von der Stube aus schaue ich ihr zu, knie auf der Bank oder lehne mich aufs Fensterbrett. Ein Luftzug streift mich durchs offene Fenster. Der dünne weiße Stoff des Stores, mit dem ich so oft spiele, in den ich mich einwickle und wieder aus, den ich mir über den Kopf hänge und wieder herunterziehe, streichelt mein Gesicht. Ich glaube noch an Geister und bin der Überzeugung, dass meine Welt von Monstern heimgesucht wird, sobald ich aus dem Zimmer gehe. In den Store gewickelt hoffe ich, dass die Monster mich nicht sehen, aber ich sie. So wickle ich mich ein und aus, verpuppe mich in ihm, bis es oben in den Ösen knarrt, drehe einmal den Monstern drinnen, dann der Mutter draußen den Rücken zu, sehe zu Mutter und zurück, sehe Mutter, dann das leere Zimmer. Hier ist nichts, alles eingebildet. Draußen ihre grünen Schutzhandschuhe, ihre zierliche Figur in der Gartenschürze. Ich sehe ihre Haare, diese stets gemachten und zurechtfixierten, schulterlangen Haare, sehe ihr Gesicht und höre, wie so oft, das Stöhnen ihrer Mühsal, halte inne. Selbst durch die vielen Schichten des Stores sehe ich den glitzernden Schweiß auf ihrer Stirn, der langsam die Föhnfrisur zerstören wird, und werde wütend. Wieso schneidet der Vater diesen blöden Strauch nicht, wenn er ihr solche Mühe macht? Heute frage ich mich: Wieso gehe ich nicht selbst hin, ziehe ihr die Gartenhandschuhe von den Händen und streife sie mir über, um zu helfen? Stattdessen hänge ich bewegungslos im Kokon, fühlte mich immer nur ihrem Ausgeliefertsein so ausgeliefert.

Ich gehe hinaus ins Stiegenhaus und suche die Schachtel.

Drinnen stelle ich alles auf den Tisch, die alten Stifte, den Spitzer, den Zeichenblock. Ich muss ein bisschen lachen über mich, wie ich hier verheult herumsitze. Zeichnen konnte ich immer einfach so. Rotkehlchen, Wildkauz, Eichelhäher. Irgendwann hatte ich die Vögel von der Vogeluhr satt und zeichnete den See. Immer wieder den See, das schwarze Loch, dann Menschen. Mama. Es fiel mir leicht, ohne es je gelernt zu haben. Einmal habe ich sie gemalt und gesagt: »Schau, das bist du.« Und sie hat gesagt: »Ich? Das soll ich sein? Das ist doch bloß ein

Geist!« Aber ich habe entgegnet: »Das ist kein Geist. Schau doch, deine Haare, deine Wangen, deine Nase und dein Mund.« Es war ein gutes Bild, gezeichnet in *Hard Black*, aus ihren Augen schaute sie selbst heraus. Ich streiche über das leere weiße Blatt. Ich war noch nie in Sizilien. *Gönnt mir mein Glück!*

16 **Das Haus vom Potutznik** ist in derselben Farbe gestrichen, in der sich der Staub von der Straße in den Verputz der Fassaden gefressen hat. Das goldene Schild an der Tür hebt sich in glänzendem Kontrast zu dem bräunlichen Staubgrau ab. Als ich davorstehe und mir überlege, was ich gleich sagen werde, sehe ich den Wirt mit seinem Gamsbart auf dem Hut entschlossenen Schrittes um die Ecke biegen, in seinem Schlepptau der Städter. Kein Zweifel, sie gehen zusammen, der Wirt geht voraus und sagt in wichtigtuerischem Tonfall, der *Altwarenhändler*, wie er den Potutznik konsequent nennt, wisse über alles Bescheid.

Ich stehe immer noch vor der Tür. Anstatt zu läuten, habe ich dem ungleichen Paar zugeschaut, die große und hagere Gestalt des Städters und der dicke hypertonische Wirt. Der baut sich jetzt vor mir auf, als stünde ich im Weg, während der Städter nicht verbergen kann, dass er sich freut, mich zu sehen.

Der Wirt will sich an mir vorbeidrängen, greift nach der Klinke, klopft dann aber doch andeutungsweise gegen die Tür. Einer wie er glaubt, von Natur aus den Vortritt zu haben. Weil ich nicht weiche, sondern ihn allein schon deswegen geradewegs anstarre, will er mich nun doch zur Seite schieben, da geht der Städter dazwischen.

Er hebt die Hände und sagt laut: »Ich glaube, da war jemand vor uns hier.«

Der Wirt schaut ihn an, als ob er von allen guten Geistern verlassen wäre.

»Sieht so aus«, sagt der Städter, »als hätte Herr Potutznik bereits einen Termin.«

»Herr Potutznik«, lacht der Wirt.

»Ja«, sage ich, »ich will zu ihm.«

»Und wir *müssen* zu ihm«, sagt der Wirt und öffnet die Tür, ohne dass es von drinnen eine Aufforderung zum Eintreten gegeben hätte.

»Bitte«, sagt der Städter, der immer noch auf dem Gehsteig steht. »Wir können die Besichtigung verschieben. Wir können morgen wiederkommen.«

»Welche Besichtigung?«, frage ich.

Der Wirt ist schon im Haus verschwunden, die Tür bleibt offen stehen.

»Hier ist möglicherweise ein Platz frei«, sagt der Städter etwas verlegen.

»Ein Platz?« Ich frage, ob sie ihn oben bei den Herzinfarkten hinausgeschmissen haben, er aber ist ganz ernst und sagt, dass es wegen dieses Jahres ist, dass er sich überlegt hat, vielleicht zu bleiben.

»Bleiben?«, zische ich. »Und die Stadt?«

Er hebt die Schultern und sagt, das sei ein bisschen kompliziert, dass in der Stadt nicht besonders viel wartet auf ihn. »Eine Zitrone im Gemüsefach meines Kühlschranks, vielleicht.«

Wir lachen. Er schaut mich kurz an, aber ich schaue weg, dann gehen wir unter dem verjährten Sternsingersegen durch den hölzernen Türstock in die Dunkelheit hinein.

»Guten Tag«, sagt jemand aus der Ecke.

Ich spüre, wie der Städter zusammenzuckt, als der Potutznik, den ich sofort an der Stimme wiedererkenne, uns grüßt. Langsam gewöhnen sich meine Augen an die Dunkelheit. Der

Potutznik hat sich über der Werkbank aufgerichtet, wo er den Griff eines Regenschirms mit einem fleckigen Tuch und einer Politur bearbeitet, deren Geruch schwer und angenehm in der Luft hängt. Er trägt einen grauen Arbeitsmantel und eine runde, goldene Brille. Seine Augen haben etwas knopfartig Freundliches, er hat kaum Haare am Kopf und insgesamt ein bisschen mehr Farbe als früher. Er legt das Tuch auf die Werkbank und fährt sich mit der Hand über die Glatze.

»Guten Tag«, sagt der Städter und macht einen Schritt auf ihn zu. Der Randt steht unbeteiligt daneben, er will sich nicht lange mit Freundlichkeiten aufhalten.

»Hier ist es stockfinster«, sagt er missmutig, »durch die Fenster sieht man ja gar nicht mehr hinaus, kann man die nicht putzen?«

»Kann man«, sagt der Potutznik ruhig und mustert uns, einen nach dem anderen. Er ist klein und drahtig, etwas an ihm ist schief. Er hat eine sanfte, sichere Stimme, mit der er jetzt sagt: »Die Fenster sind schon lange blind, sie gehörten getauscht. Oder hast du das vergessen?«

Ich beginne, mich umzusehen. Wir stehen in einem großen Zimmer, das wir betreten haben, ohne zuerst durch ein Vorzimmer gegangen zu sein. Die deckenhohen Holzregale mit ihren unzähligen, verschieden großen Fächern und Ablageflächen bergen ein Sammelsurium an Dingen. Ganze Möbel, zerlegte Teile, zur Abholung Bereitgestelltes und Beschriftetes. Hier wartet eine neu bespannte Schirmlampe, dort ein Nachtkästchen auf seinen Besitzer. An jedem dieser Dinge, ob groß oder klein, hängt an einem Leinenbändchen ein verblichener rosa Abholschein. Bei näherem Hinsehen wird erkennbar, dass der Antiquar sorgfältig mit der Hand Name und Adresse des Auftraggebers, die jeweils erbrachte Leistung und den Preis in österreichischen Schilling, ATS, verzeichnet hat. Hier steht ein Schirm zur Abholung bereit, dort eine Truhe, die er restauriert hat. Von manchen Möbelstücken ist nicht zu sagen, ob sie zur Wohnung oder zum Verkaufsraum oder zur Werkstatt gehören. Dort draußen nennen sie ihn Altwarenhändler, hier drinnen ist er Antiquar.

Alles verschwimmt. Das Zimmer hier mit den vielen anderen Orten, an die diese Dinge gehören, die Gegenwart mit den Jahrzehnten. Selbst die Tatsache, dass zu erwarten ist, dass niemand mehr hier hereinkommt und all das noch einmal abholt, scheint, wenn nicht egal, dann wenigstens hingenommen worden zu sein. Aus dem Gleichmut, den alles hier ausstrahlt, wächst aber keine Resignation. Mitten aus der Beharrlichkeit dieses Bestands wächst etwas Neues, Lebendiges. Etwas an der Gewissheit in dieser Stimme, am Geruch dieses Zimmers, an der Ruhe zwischen den Dingen, sagt mir, dass sich aus all dem heraus etwas erheben kann.

In der Ecke unter dem Fenster befindet sich ein großer Esstisch mit einer Eckbank, in der Mitte des Tisches stehen umgedrehte Teetassen auf einem Geschirrtuch bereit. Vielleicht bin ich nicht die Einzige, die sich hier wohlfühlt. Dem Tisch gegenüber ist eine Küche, nicht mehr als zwei Herdplatten und ein paar kleine Schränke, eine winzige Arbeitsplatte und ein paar Haken, an denen Küchenbesteck und Geschirrtücher hängen.

Obwohl hier wenig Platz ist, scheint es den Potutznik überhaupt nicht zu stören, dass wir zu dritt herumstehen und uns umschauen. Der Wirt dagegen fühlt sich sichtlich unwohl. Wie unschwer an seinem Geruch zu erkennen ist, hat er einen Rausch vom Vortag, aber noch keine Gelegenheit, ihn aufzuwärmen. »Wie auch immer«, sagt er ungeduldig, »das ist jetzt also der Gast aus der Stadt.«

»Oskar Marin.«

»Willkommen«, sagt der Potutznik und mustert den Städter,

steht abwartend da, nachdem sie einander die Hand gegeben haben. »Und du bist auch da«, sagt er dann in meine Richtung. »Ich hab schon gehört, dass du zurück bist. Das freut mich, dich einmal wiederzusehen.«

Ich nicke. Seine zuvorkommende Art beschämt mich, weil der Städter jetzt gesichert weiß, dass nicht alle hier so unfreundlich sind wie der Vater.

»Ich komme wegen der Ziege«, sage ich.

»Das ist gut«, sagt der Potutznik, »dein Vater hat gemeint, du könntest vielleicht was ausrichten.«

»Er neigt dazu, Professionen zu überschätzen«, lächle ich. »Ich kann es gerne versuchen«, sage ich dann und nicke ihm zu.

Der Wirt hat den Städter schon wieder in Beschlag genommen. Ohne zu fragen, hat er mit ihm das Zimmer verlassen und ist hinten hinaus in einen Flur. Von dort aus betritt man die anderen Zimmer. Eine winzige Toilette mit glänzenden, dunkelblau-weiß gesprenkelten Bodenfliesen, in der es eiskalt sein muss, direkt daneben eine kleine Kammer, die offenbar als Unterkunft für den Städter gedacht ist. Ich strecke nur kurz den Kopf hinein, als die beiden schon im Hinterhof draußen sind. In der nachträglich eingebauten Eckdusche der Kammer stehen einige Polstermöbel aufeinandergestapelt. Das ist bisher wohl eher ein Lagerraum als ein Gästezimmer gewesen.

Der Potutznik wohnt oben, er hat auch früher immer oben gewohnt. Ganz einleuchtend scheint mir nicht, wieso der Städter sich hier in einer Abstellkammer einquartieren will, wo er doch in der Stadt diese Wohnung hat. Ich denke an seine Bemerkung mit der Zitrone und was er mir damit hatte sagen wollen.

Während der Potutznik und ich den beiden folgen, fühle ich mich auf einmal erheitert. Der Städter ist ohne Frage ein bisschen verrückt. Er kennt sich hier nicht aus, er unterschätzt die Einsamkeit und die Leute. Wahrscheinlich glaubt er sogar, dass bald Frühling wird.

Als wir das Haus durch die Hintertür verlassen und zu den beiden hinaustreten, bleibt mir die Luft weg. Ich kenne diesen Garten nicht, habe das Haus, außer vom See, noch nie von der Rückseite, die eigentlich die Vorderseite ist, gesehen. Es ist ein bezaubernder Ausblick, der See liegt hinter einem Gürtel von hohem Schilf frei zugänglich da. Gegenüber sehe ich den Wald meiner Kindheit, wo es hinten zu den drei Buchen hinausgeht und wo, von hier aus nicht ersichtlich, rechts oben unser Haus steht. Am anderen Ufer die Badeanstalt, die hölzernen Boote, daneben das geschlossene Seerestaurant und die Stelle, wo der Schwiegersohn des Onkels vom Hochleitner eingebrochen ist. Ich drehe mich um. Von einer hölzernen Veranda sind wir in die Wiese hinausgetreten, wo eine hohe Pappel steht.

Der Potutznik bietet dem Städter das Du an. »Ich bin Aurel«, sagt er. »Ich heiße Oskar«, sagt der Städter. »Und du bist dir sicher, dass ich dich hier nicht … stören würde?«, sagt der Städter verunsichert, denn schließlich soll er hier unter das Dach eines Menschen ziehen, der sich offensichtlich aufs Alleinsein eingerichtet hat.

»Ich bin mir sicher«, sagt der Antiquar, ohne den Wirt eines Blickes zu würdigen, »ich gönne dem Wirt das Geld nicht, das du ihm bezahlst, aber das ändert nichts an der Tatsache, dass ich gerne Gesellschaft habe.«

Er lächelt und wendet sich dann wieder mir zu, damit ich nicht weiter nutzlos herumstehe. »Ich stelle euch mal vor, Elise und dich«, sagt er dann und bedeutet mir, ihm zu folgen. Der Städter nickt mir zu. Der Wirt tut konsequent so, als ginge ihn die Ziege nichts an.

Wir gehen an dem Baum vorbei zu dem Holzverschlag. Der Wirt und der Städter sind in der Wiese stehengeblieben, der Wirt schwadroniert über den unbezahlbaren Ausblick, der Städter schaut mir nach, ich spüre seinen Blick im Rücken. Dann höre ich Elise, bevor ich sie sehe. Ich höre ihr heiseres Krähen. Ich sehe ihr Gesicht, ihre gelben Augen und die rechteckigen Pupillen. Ich erinnere mich, dass mir das immer Angst gemacht hat, das Schauen aus Ziegenaugen, aber Elise ist ein mitleiderregendes Geschöpf. Sie nickt mit dem Kopf. Fordernd und aufmerksam schaut sie mich an, als sei es längst Zeit, dass ich komme.

Ich gehe auf sie zu und streichle mit den Fingerrücken die knöcherne Stelle zwischen ihren Augen. Ihr raues Fell ist stumpf.

»Elise«, flüstere ich, und sie sagt Ja. Oder bin ich es, die Ja sagt, und Jaaaa und Elise.

Der Potutznik steht hinter mir, als ich kurz zu ihm aufschaue, lächelt er. »Sie liebt es, wenn man ihren Namen sagt. Am allerliebsten hört sie ihren Namen. Damit lässt sie sich manchmal beruhigen. Leicht, denkst du jetzt, dann ist es ja leicht«, sagt er, aber wenn er sie schon zweihundertmal beim Namen gerufen habe, werde er müde davon und könne nicht mehr.

»Du lachst«, sagt er, »aber es ist schlimm. Der Schreiber gegenüber, der hat es nicht leicht. Allein in dem großen Haus und ohne Arbeit. Und dann noch dieses Geschrei. Manchmal gibt ihm das den Rest, dann kommt er und regt sich auf. Und ich versteh's. Ich hab versprochen, dass ich was unternehme, aber ich weiß nicht, was. Ich werde mich erkenntlich zeigen, das verspreche ich.«

Ich sage, ob sie vielleicht Schmerzen habe, wieso sonst sollte ein Tier schreien, und er sagt, ja, natürlich, an Schmerzen habe er auch gedacht, aber der Arzt finde nichts, und der Wirt wolle nichts wissen.

Eine Weile schauen wir beide Elise an, und Elise schaut mich an, fixiert mich mit den irritierend breiten Rechtecken ihrer Pupillen und nickt, als sollte ich weitermachen. Und ich streichle weiter, knie mich zu ihr hin, sage ihren Namen, und sie nickt wieder auf diese dankbare Weise, und der Potutznik sagt, dass er froh wäre, wenn ich täglich käme, und sei es nur für eine halbe Stunde, und ich willige ein und sage: »Gut.«

»Gut«, sagt auch der Wirt und klatscht in die Hände, jetzt, wo alles besichtigt sei, könne man ja zum Vertraglichen kommen.

»Gut«, sagt nun auch noch der Städter, er klingt entschlossen. Ich schaue ihn mit geweiteten Augen an und will noch fragen, was aus der guten alten Bedenkzeit geworden ist. Doch dann denke ich, dass es mich nichts angeht, und merke, dass ich nun bereits so oft gedacht habe, dass es mich nichts angeht, was der Städter sagt oder denkt oder tut, dass womöglich mittlerweile das Gegenteil wahr geworden ist.

»Wie hoch ist die Miete?«

»Für dich«, sagt der Wirt, »dreihundert.«

»Dreihundert? Das Zimmer ist wirklich nicht groß!«

»Die Aussicht unvergleichlich«, sagt Randt stur, »du willst ja hier wohnen, nicht ich. Um dreihundert kriegst du in der Stadt kein Zimmer mehr.«

Ich bin aber nicht in der Stadt, denkt der Städter vermutlich, sagt aber natürlich nichts. »Gut«, sagt er schließlich in Richtung des Wirts, »dann machen wir zweihundertachtzig, und ich nehme das Zimmer.«

Der Wirt verdreht die Augen. »Zuerst schlag ein. Dreihundert geradeaus, und wir sind im Geschäft.«

»Und wenn mich die Ziege nervt?«, fragt der Städter.

»Fährt sie zum Schlachthof«, lacht der Wirt.

Der Städter schaut mich an. Dann schlägt er ein.

»Ich komme aber schon am Montag«, sagt er noch, als der

Wirt schon den Füller aus der Brusttasche gezogen hat und ihm einen Vorvertrag hinhält. »Komm, wann du willst.« Er lächelt erst, als der Städter mit sicherem Schwung seine Unterschrift gibt.

17

Bald bilden der Verkaufsraum mit den Dingen, die niemand mehr abholt, die Kammer des Städters mit dem Doppelfenster zum See und das gesamte staubgraue Haus des Potutznik so etwas wie eine Festung um uns. Die Festung ist aus zu langsamer Zeit und zu viel Licht und Luft gebaut. Im Garten zittern die ersten Blätter der Pappel, hinter dem Haus schreit Elise in ihrem Verschlag. Ihr Schreien ist unsere tägliche Begleitung, was uns nicht gleichgültig macht, sondern antreibt, Versuch um Versuch zu unternehmen, ihrem Leiden auf den Grund zu gehen.

Die Tage werden heller, der See wird blauer, das Schilf wächst zu meterhohen Mauern, sodass uns nichts übrigbleibt, als hin und wieder den Kopf in den Nacken zu legen und in den Himmel zu schauen. Wir haben Zeit. Sobald wir durch die Tür mit dem Sternsingersegen kommen, steht fest: Das hier grenzt uns ab von allem, was draußen geschieht. Wir sind Begünstigte. Auch wir haben unsere Arbeit verloren, aber nicht nur, dass wir jünger und beweglicher sind als die Übriggebliebenen draußen im Ort. Wir sind arbeitslos, aber wir sind es auch nicht, weil unser Nachdenken weitergeht, weil der Potutznik uns Werkzeug in die Hände gibt, das wir halten, dem Städter Besen und Feilen und Sägen, mir die Mistgabel und den Rechen. Werkzeug, mit dem wir etwas tun, das aber auch etwas mit uns tut, und sei es, dass es unser Denken am Laufen hält oder verstummen lässt, beides abwechselnd, im Lauf der Tage.

Der Städter ist Gewinner, und ich bin gesundgeschrieben. Bea sieht realistische Chancen, dass eine befreundete Baufirma in der Stadt mich, wie sie sagt, »in die Zeichnerinnen-Lehre nimmt«. Sie erklärt, dass der Beruf der Technischen Zeichnerin heute etwas mit Produktdesign heißt, bleibt aber selber bei dem Ausdruck der »Zeichnerinnen-Lehre«. Auch mir gefällt er, und auch wenn Bea wohl für alles Mögliche realistische Chancen sieht, wo die Chancen womöglich so groß gar nicht sind, hat mich ihre und die Leichtigkeit des Städters bereits angesteckt.

Jeden Tag, wenn ich nach dem Mittagessen, das ich dem Vater zubereite, hierherkomme und durch die Tür gehe, ist es, als laufe die Zeit für uns, oder: als stehe sie zu unseren Gunsten, während sie draußen, hinter den Fenstern des Schreibers und des Grubers, quälend langsam vergeht.

Diese Männer, die nun bereits seit Wochen in ihren Häusern sitzen und in der Mitte des Vormittags innehalten, wenn das Bett gemacht und der Frühstücktisch abgeräumt ist, wenn der Boden gefegt und die Post geholt und der Einkauf gemacht ist, haben keine Festung. Diese Männer, die um zehn Uhr vormittags mit der Arbeit des Tages fertig sind, haben kein Werkzeug in der Hand, aber träumen nachts noch von ihren Maschinen, mit denen sie verwachsen waren wie mit Geliebten, während ihre Ehen kinderlos geschieden oder früh verwitwet endeten. In den Häusern dieser Männer, die nun wenige Jahre vor der Rente gekündigt worden sind, steht die Zeit auch deswegen, weil sie zuvor immer lief: Tag und Nacht, Schicht um Schicht, mit der Stechuhr gemessen, mit der Karte gestempelt. Mit jedem Herzschlag und jedem Atemzug war jedes einzelne Rädchen verwachsen mit dem großen Ganzen – jeder einzelne Mensch ein Arbeiter auf Lebenszeit.

Für diese Männer steht die Zeit, weil sie steht. Sie steht in ihren Schlapfen vor den Hauseingängen und im Beiseiteschieben ihrer Vorhänge. Sie steht im Rauch ihrer Zigaretten, den sie in den Himmel über der Wirtshaustür blasen, wenn es kurz vor elf ist und sie warten, bis Maria die Tür aufsperrt. Sie steht in den Glockenschlägen der Kirchturmuhr einer jeden halben und vollen Stunde, und selbst im Wachsen des Schilfs und im Aneinanderschlagen der hölzernen Boote der Badeanstalt bei Wetter und Wind steht sie immerzu, weil selbst ein Vergehen der Zeit einen wie den Gruber oder den Schreiber nur daran erinnert, dass sie vergehen muss.

Der Garten und der See, die Pappel, Elise und das Wasser sind mehr geworden als eine Kulisse für unser Kommen und Gehen, unsere Handgriffe und Verrichtungen, die Gespräche und das Schweigen. Wir hören den Wind auf dem See, halten inne unter dem Baum, atmen Grünes und Blaues, liegen stundenlang wie tot im Gras, bis wir rot sind und leben. Weil nichts uns antreibt, sind wir angetrieben, weil wir nur tun, was uns freut, hören und sehen wir mehr.

Von Anfang an übernimmt der Städter kleinere Arbeiten, die der Potutznik ihm aufträgt, und mit den Aufträgen übernimmt er auch die Zärtlichkeit, mit der der Potutznik seine Arbeit macht. Der Antiquar arbeitet mit einem Gesicht, als habe er Urlaub, und konzentriert sich auf seine Pausen, als arbeite er.

Nach einer eingehenden Recherche habe ich Brotrinden und andere Getreidewaren von Elises Speiseplan gestrichen und bin mit dem Rundbus hinunter ins Lagerhaus gefahren, habe Faserfutter besorgt.

Wir haben uns aneinander gewöhnt, ohne uns gewöhnen zu müssen. Unser Zusammensein ist von einer Eintracht, von der ich mir nicht sicher bin, woher sie rührt.

Wenn ich spätabends zurück ins Haus des Vaters gehe, träume ich wirr. Ich träume vom Atmen auf Booten, von Wasser und Luft. Ich träume, wie sich die Pappel belaubt, träume grün und blau, einen Frühlingsanfang mit dem Städter und dem, was uns nicht mehr gelingt, zu ignorieren. Im Traum gibt es keine Fragen: nicht die nach Corinna und der Zitrone, nicht die nach Johannes und irgendwelchen Nachrichten. Nur Wasser und Wiese. Und Hände. Jeder hat seine Hände. Er hat seine Hände, ich habe meine Hände, jeder tut, was er tut. Und Ohren, in unseren Ohren die Stimme des jeweils anderen, aber selbst Stimme ist falsch, nur die Atmung, das Hiersein ist es, die Lunge, ein Herz. Zusammen sind wir eine Maschine, nur trotzen wir Zeit und Raum, besser als jeder Mensch.

Bald werde ich zum ersten Mal Zeugin von Elises Schreien. Ich kehre ihr gerade den Rücken, ziehe den Futtersack zum Haus hin. Ihr Schrei geht mir vom Herz in die Beine. Das *ist* ein Schmerzensschrei. Ich zerre den Sack noch ein Stück weiter, ins Eck. Dann komme ich zurück und knie mich zu ihr in den Stall. Ich ziehe sie zu mir auf den Schoß und lege meine Arme um sie. Sie ist schwer. Ihre Hufe stechen. Sie scheint das zu spüren, legt sich anders hin, liegt so, dass es mich nicht schmerzt. Sie schreit und weigert sich, mich anzusehen, nur ihren Hals lehnt sie wohl gegen mein Haar. Immer wieder suche ich ihren Blick, drehe ihren Kopf, aber sie will nicht, ist ganz in ihrem Schreien, kann nicht anders, kann mich nicht ansehen, kann nicht heraus.

Auf einmal steht der Schreiber vor mir im Gras. Ich habe nicht gesehen, wie er hierhergekommen ist. Er muss durchs Haus gegangen sein. Die Klinke wird er einfach heruntergedrückt haben. Sein Klingeln hätte ohnehin niemand gehört. Auf dem Kopf trägt er schütteres Haar, seine Arme hängen. Sein Hemd ist gebügelt, vorne an der Tasche seiner Jeans hat er ein ausgebeultes Rechteck von der Zigarettenschachtel. Er hebt die Arme. Ich hebe die Schultern. Elise beachtet ihn nicht.

»Ihr *müsst* was machen. Das geht einfach so nicht. Da kriegt man einen Wahnsinn, da kriegt jeder irgendwann einen Wahnsinn, außerdem stinkt es.«

Ich nicke, sage wie automatisch, dass es mir leidtut, sage lauter, schreie über Elise hinweg, dass wir jetzt Spezialfutter haben, einen neuen Stall, schreie, dass es vielleicht etwas Gastrisches sei. Erst dann halte ich inne und bemerke, was er gerade gesagt hat.

»Was stinkt?«

Den Stall miste ich regelmäßig aus, Elise hat kaum einen Eigengeruch, auch ihr Futter stinkt nicht besonders, zumindest nicht so, dass es den Schreiber auf der anderen Straßenseite belästigen könnte.

Nun ist er es, der irritiert schaut. »Ja, riecht ihr das nicht? Diesen Gestank? Jetzt, wo es wärmer wird, ist es an manchen Tagen gar nicht auszuhalten.«

Er schüttelt den Kopf. Auch ich schüttle den Kopf, schließe kurz die Augen, als würde das etwas helfen, als würde Elise dann still sein, als würde der Schreiber dann weniger aussehen, wie er aussieht: wie ein Mann, der nicht mehr viel braucht, bis es ihn umhaut.

»Es tut mir leid«, sage ich noch einmal.

»Was auch immer das ist«, sagt er und tastet mit der Hand nach seinen Zigaretten, »löst es. Sonst kriegt hier noch wer einen Wahnsinn.«

Einen Moment schaue ich dem Schreiber nach, wie er im Haus verschwindet. Er wird durch den Flur in die Werkstatt gehen, und von dort hinaus auf die Straße. Als er gegangen ist, verstummt auch Elise.

18 **Der Potutznik hat Schnupfen** und kämpft mit einer Halsentzündung. »Seit Tagen trinkt er Ingwerwasser«, sagt der Städter. Den Potutznik brauche ich nicht zu fragen, ob er was gerochen hat. Der Städter riecht gar nichts. »Gestern nicht und heute nicht, auch nicht früher einmal.« Er sagt: »Das bildet der Schreiber sich ein. Dem ist langweilig. Vergiss es einfach.«

Der Städter hat heute nur Augen für den Spiegel. Den Spiegel hat er sich in der Waschecke in seinem Zimmer aufgehängt. Er zeigt ihn mir, als ich komme, zieht mich am Arm in die Kammer. Den Spiegel hat der Potutznik unter Bilderrahmen und Fensterglas hervorgeräumt. Ein bisschen zerkratzt ist er und an manchen Stellen erodiert, rostbraun, aber das sei nicht schlimm. Wie so oft ist er begeistert, auch jetzt steht er wieder mit hochgekrempelten Ärmeln in der Kammer, die sonst jämmerlich wäre, in die wir zu zweit nicht einmal richtig hineinpassen, ohne dass wir uns wirklich sehr nahe kommen.

»Wirklich nichts?«, frage ich zur Sicherheit, und er verneint. Er steht dicht hinter mir. Natürlich riecht er nichts. Draußen, die Rinde der Pappel riecht er, das am Abend langsam kühler werdende Wasser im See. Sonst will er nichts riechen, auch nicht sehen, sich erinnern. Überhaupt macht er den Eindruck, als habe er seine Wohnung und das Eichamt längst vergessen. Während er noch zufrieden in den Spiegel hineinnickt, die Fragmente unserer Gesichter, unseres Haars betrachtend, eins mit sich und diesem Zimmer, eins mit dem Baum dort draußen und dem Hier und Jetzt, wie wir hintereinanderstehen, breiten meine gedanklichen Rostflecke sich aus und fressen sich in die Oberfläche der Behaglichkeit. Ich stelle mir Dinge vor, die weit weg sind. Dinge, von denen ich nichts weiß, die er in dieser anderen Wohnung möglicherweise besitzt. Ich stelle mir Corinna vor, wie sie längst von ihrem Workshop in Kalifornien zurück ist, das Gespräch, das die beiden geführt haben, in dem er vielleicht versucht hat, sich zu erklären, vielleicht auch nicht. Er muss doch einen Laptop haben und eine große Garderobe. Er liebt doch feines Gewand. Vermisst er seine Sachen nicht? Hat er nicht gesagt, gar nicht mehr zurückzukönnen? Was heißt können? Vielleicht ist er einfach ein wahnsinnig guter Verdränger und kann gar nicht zurück in die Wohnung, um eine Hose zu holen, weil er dann überrollt würde von der Wirklichkeit, weil er sich dann anschauen würde, im *eigentlichen* Leben. Weil er, wenn er das alles sehen und sich damit konfrontieren würde, sofort einknicken und geduckt in sein altes Leben zurück kriechen müsste. Manchmal möchte ich ihm ins Gesicht schreien, dass alles so einfach eben nicht ist. Aber dann sehe ich es, dieses Gesicht, und weiß nicht mehr, was ich sagen soll.

Für einen Augenblick schauen wir uns beide im Spiegel an, zwei Gesichter hinter rostigen Flecken. Was ich bräuchte, denke ich, ist ein Paar Schuhe. Und ein Gesicht, in dem man die Scham über diesen Brief vom Arbeitsamt nicht sieht. Beas Plan muss daran was ändern. Diese Scham ist viel schlimmer als das wenige Geld. Wie sie einen an die Mitwirkungspflicht erinnern, als täte man sonst den ganzen Tag nichts, als müssten sie einem drohen. Die Scham, so angesprochen zu werden. Wenn ich mich nicht zusammenreiße, bekomme ich die gar nicht mehr weg. Wenn ich weiter in den alten Sachen rumlaufe, bleibt mir auch das alte Gesicht.

Wir stehen hintereinander und schauen in unser Spiegelbild. Er legt die Hände um meine Taille, lässt sie für einen Moment dort, bis wir es nicht mehr aushalten.

»Gehen wir schwimmen«, sagt er, löst sich von mir und rennt hinaus.

Er ist so schnell durch die Hintertür draußen, dass ich ihn gerade noch rennen sehe, als ich ihm endlich nachgehe.

Ich muss lachen, ohne es zu wollen, ich lache über seine Verrücktheit, und gleichzeitig wünsche ich mir, selbst weniger behäbig zu sein, ein wenig anzunehmen von diesem Irrsinn, der ihn gelegentlich packt.

Er ist so schnell durch den eiskalt sumpfigen Boden auf den See zugerannt, dass ich gerade noch sehe, dass er die Unterhose anlässt. Erst als ich vorne am Ufer bin, schäle ich mich aus meinen Kleidern. Ich falte alles zusammen und lege es auf meine Schuhe, damit es nicht allzu dreckig wird. Obwohl mich davor graust, BH und Unterhose im eiskalten Wasser anzulassen, behalte ich sie an und sehe zu, dass ich ihm nachkomme. Mit einem Klatschen, einem Schrei hat er sich hineingestürzt, so muss man das machen, zum Zögern ist es viel zu kalt. Wahrscheinlich ist niemand jemals im April in diesen See gesprungen, denke ich, und dann, dass das ziemlich sicher völlig falsch ist, dass hier natürlich schon jemand im April gebadet hat, und dass ich es eigentlich schon besser wissen müsste, dass ich vieles über den Ort und die Menschen hier gar nicht gewusst habe. Auch Gutes.

Ich stehe bis zu den Knien im Wasser, und bevor ich zum Nachdenken komme, lasse ich mich nach vorn fallen und schwimme los.

Mir ist, als hörte ich in der Ferne Elise schreien, als schreie sie, dass wir uns den Tod holen. Aber wir holen uns nicht den Tod. Wir lachen wie die Kinder, baden in unserem Wahnsinn, schwimmen und strampeln wie wild. Für Augenblicke bin ich nichts als schockgefrorener Übermut.

»Du spinnst!«, schreie ich irgendwann, und es ist, als würde er erst jetzt wieder auf mich aufmerksam, denn mit einem Mal macht er kehrt und wechselt die Richtung, schwimmt in schnellen Zügen auf mich zu, entschlossen, bis er ganz nah ist. Alles an ihm ist nass. Sein Haar, seine Wimpern, seine Ohren, seine

Lippen. Ich tauche unter. Als ich wieder auftauche und Luft hole, spucke ich Wasser in sein Gesicht.

Dann halten wir es nicht mehr aus, unsere Beine und Arme werden taub. Ich kann kaum atmen, presse die Luft ein und aus. Wir müssen zurück. Wenn wir jetzt nicht zurückschwimmen, werden wir starr.

Wir schwimmen, so schnell wir können. Wir schwimmen nebeneinanderher, tragen beide ein Grinsen im Gesicht, das wir nicht abstellen können. *Ich will nicht mehr nur überleben.*

Wir drücken die Kleider an unsere Körper und rennen zum Haus. Der Potutznik hat sich oben hingelegt, Elise missachtet uns wie zum Trotz. Als wir an ihr vorbeirennen, würdigt sie uns keines Blickes.

Die Tür zur Kammer knallt ins Schloss. Wir streifen uns schnell die nasse Unterwäsche ab und kriechen unter seine Decke, die Decke ist nicht ganz frisch. Unter der Decke schlägt er ein Leintuch um mich, wickelt mich ein, wickelt mich wieder aus und presst sich an mich.

Und immer die Angst. Warum habe ich so viel davon und er nichts? Warum gefällt er sich mit der Zeit immer besser und ich mir immer schlechter? Wo doch an uns beiden der letzte Winter noch nagt, wir beide Genesende sind. Während ich das denke, liegen seine Hände auf meinen Wangen, so hält er mein Gesicht und schaut mich an, hält mich ziemlich fest und schaut mich einfach an. In seiner Umklammerung werde ich wütend. Wütend, weil ich nicht frei bin, weil ich solche Angst habe. Wütend, weil ich mich hässlich fühle, obwohl ich doch irgendwann einmal ganz okay war. Und wütend, weil ich spüre, dass diese Wut mich gleich dazu bringt, aufzuspringen und davonzurennen. Aber ich atme durch, weiche seinem Blick nicht aus, entscheide mich anders. Ich renne nicht weg. Ich nehme all meine Angst und all meine Wut zusammen und bleibe.

Danach ist mein Körper warm und schnauft wie ein gesunder. Wie er daliegt, zufrieden und ruhig atmend. Still. Dieser Körper ist doch längst gesund, fast obszön, wie laut mein Herz nun schlägt. Vielleicht sollte ich mir mehr abschauen von ihm. Im Gegensatz zu mir lässt dieser, mein Körper mich nicht hängen. Gut, er ist nicht mehr wie früher, aber wie er jetzt daliegt, verkeilt in einen zweiten, stimmt er doch. Alles an ihm ist richtig, wie alles an dem anderen Körper auch. So wie der Städter mich jetzt anschaut, als er mir wieder und wieder ein Haar aus der Stirn streicht, so sollte auch ich mich öfter einmal anschauen. Aus dem Augenwinkel sehe ich die Stelle, wo der Spiegel an der Wand hängt. Ich drehe den Kopf, um hinzuschauen, aber von unserem Blickwinkel aus betrachtet wirkt er blind.

19

Die halben Wahrheiten und halbgaren Gedanken werden bald vom Hochsommer aufgelöst. Wo gerade noch Ansätze von Lösungen waren, so oder so könnte es gehen, mit meiner Arbeit, mit uns, hier, wo ich gerade noch dem halben Hinterkopf des Städters hinterherschwamm, taucht er jetzt unter vor mir und kommt lange nicht hoch. Über die sumpfigen Seewiesen kriecht die Hitze in die Häuser, Libellen stehen über dem Schilf, die Uhr in der Küche steht still. Die Zeit wird ein Ballon aus Minuten, Stunden und Tagen. Wir reden wenig. Unsere Körper kennen sich, aber ich weiß nie, ob ich wirklich seinen Mund mag oder nur die Tatsache, dass er nichts fragt. Die Hitze erstickt alle Fragen. Die Leute im Ort ächzen, wir sind lahm und platt. Manchmal redet der Vater wirres Zeug, merkt es aber gleich und verstummt wieder. Der Krug Wasser, den ich ihm morgens auftrage, über den Tag verteilt zu trinken, steht spätnachts, wenn ich komme, vorwurfsvoll unberührt da. Mit dem

Wärmer-Werden der Tage verändert sich das Wesen des Vaters. Bisweilen vergisst er, über Schmerzen zu klagen.

Sobald ich beim Städter bin, sind wir nichts als Haare, Münder, Hände, Fußsohlen. Ein Auflachen, ein Stillwerden, ein Zeitvergehen. Die Hitze legt sich über unsere Eintracht. Unser Tun, Atmen, Hiersein ist aber auch ein Abwarten, denn zugleich wächst die Ahnung in mir: Je mehr ich mich hier ausbreite, desto eher werde ich verschwinden. Noch halten wir inne, aber etwas dreht sich auch ohne unser Zutun weiter.

Mein Haar ist überlang. Manchmal sitzt der Städter auf der Bank, und ich spüre, wie er mir zuschaut, wenn es über meine Arme rutscht, wie ich meine Verrichtungen mache und dann wortlos an ihm vorbei in die Küche gehe. In der Küche nehme ich ein Brett und ein Messer, schneide eine Ingwerwurzel in Scheiben und lasse sie in den Wasserkrug gleiten, drücke eine halbe Zitrone hinein und nehme den Krug mit nach draußen, wo ich wieder an ihm vorbeigehe, ganz nah und ihn doch fast nicht berühre dabei. Und wie er mich dann ansieht. Als wüsste er, dass es genau so einmal sein wird: Er sitzt, und ich gehe. Er sitzt hier, und ich gehe fort.

Nur nach dem Baden sind wir frisch genug für Fragen oder Antworten, die er mir noch schuldet: »Was hast du damals hingeschrieben?«

Jetzt im Sommer verirren sich noch weniger Menschen als sonst ins Haus. Nur manchmal kommt jemand zu uns, ein Kurgast oder ein Sommerfrischler, ab und zu, wenn es ruhig um Elise ist, bleibt auch der Schreiber ein Weilchen sitzen und lässt sich einen Weißwein einschenken, wie heute. So sitzen wir, wie jeden Abend, im Freien hinter dem Haus. Die Petroleumlampe wirft Schatten auf das Gesicht des Gastes, und als er dieses kurze Lachen lacht, denke ich: Der Schreiber sieht auf einmal ganz anders aus. Unser Gast geht spät. In der Dunkelheit laufen wir zum See. Ich habe keine Angst vor dem dunklen Moor am Grunde des Sees oder dem schwarzen Himmel. *What is simple in the moonlight*, fällt mir die Textzeile ein, als ich unter- und wieder auftauche, aber nicht, wie sie weitergeht. Alles bleibt in einzelnen Teilen, unvollendet. Der Hinterkopf des Städters vor mir, der halbe Mond über uns, seine Antwort ausständig, das Auflachen des Schreibers wie ein Gruß aus einer Welt, die es längst nicht mehr gibt.

Das Gesicht des Schreibers hinterlässt auch beim Städter Eindruck. Hier drinnen bei uns stehe alles still, dort draußen im Ort gehe alles den Bach runter. Auf Kur, hieß es, der Randt müsse auf Entziehungskur, und der Ort, sagt der Städter, der Ort müsse auf Erfrischung. Etwas müsse geändert werden. Müsse, müsse. Könne, sagt der Städter, dass er ja könne, und dass, wer könne, eigentlich müsse. Immer öfter fällt das Wort *einbringen*, der Städter will sich einbringen, bei jeder Herzkontrolle bekommt er bestätigt, wie gut es ihm geht. Und es geht ihm gut, seine Beine sind stark, und sein Kopf ist frei, freier als jemals, wie er sagt, bevor er sagt: »Nun gut, ich will es dir verraten, aber lauf nicht davon.«

Als könne uns jemand die Antwort wegnehmen, zieht er die Decke über unsere Köpfe, wenn er sagt: »Bleiben. Ich habe geschrieben: Bleiben, aber ich habe es nicht hier geschrieben, sondern dort, in der Stadt, im Wartezimmer der Kardiologin. Ich habe es in dem alten Leben geschrieben, ohne zu wissen, dass es erst hier zutrifft.«

»Wenn du es dort geschrieben hast«, sage ich, »hat es dort zugetroffen.«

»Nein«, wehrt er sich, es sei wie eine Eingebung gewesen, er wollte nie in der Stadt bleiben und immer nur auf Corinna warten oder bis sie sich entschied, mehr zu wollen oder herzukommen oder etwas gegen sein Warten zu unternehmen. Alles hätte er genommen, auch das Äußerste.

»Kinder«, sage ich.

»Trennung«, sagt er, aber nichts änderte sich. Deshalb: *Dort* wollte er, *so* wollte er gewiss nicht bleiben. Warum er es dann geschrieben habe, er könne es sich nicht erklären. Er habe das Wort geschrieben, ohne zu wissen, dass es Wochen später, während seiner Reha an einem Ort, in dem er nie zuvor gewesen ist, hier, auf einmal wahr sein würde. »Vorauseilende Erkenntnis, oder sagt man vielleicht Ahnung, nenn es, wie du willst. Damals hatte ich recht, ohne zu wissen, wovon ich rede. Heute bin ich mir sicher. Neidest du mir das?«

Die Ribisel sind reif, die Erdbeeren sind reif, der Potutznik kommt mit der Arbeit nicht mehr nach. Er bittet uns, *in die Beeren* zu gehen, eine halbe Stunde hinauf in den Wald, Schwarzbeeren zu suchen für Nocken und Marmelade, »es ist jetzt Zeit«.

Wir brechen am nächsten Tag nach dem Mittagessen auf, bei der größten Hitze. *Wir haben nicht nachgedacht.* Das denken wir, das sagen wir uns ein, zwei Mal, wir haben nicht nachgedacht, wie um uns selbst zu versichern, dass der andere es auch für bescheuert hält, bei dieser Hitze. Aber wir gehen tapfer weiter, sinken mit unseren Schuhen im Moos ein, füllen die Flasche am Bach auf und trinken sie in großen Zügen abwechselnd leer, nur um sie gleich wieder aufzufüllen. Wir sagen die ganze Zeit, wir hätten nicht nachgedacht, was mit jedem Mal, dass wir es wiederholen, mehr zutrifft, und bald ist es, als stünde nach und nach alles, worüber wir jemals nicht nachdachten, zwischen diesen Bäumen, auf die wir zugehen, als wüchse es mit den Farnen und Moosen zu unseren Knien herauf: Corinna, die ja nicht nicht mehr existiert, nur weil wir nicht über sie reden oder so tun, als gäbe es sie nicht. Die ja irgendwo auf der Welt ist, ihn vielleicht sogar als etwas zu ihr Gehöriges betrachtet, womöglich genauso wie ich. Hier im Wald, hier in der Hitze, hier in den Beeren steht mir Corinna auf einmal im Weg herum, und sie ist nicht allein: Corinna ist es und die Zeit, der Herbst ist es, der irgendwann kommt, und der Hinweis: Zu mir gehört er nicht, ich gehöre nicht zu ihm, wir haben nur diesen Sommer, wahrscheinlich nur ein paar Tage, wahrscheinlich, jetzt wo ich darüber nachdenke, nicht einmal das.

Uns ist schwindlig. Als ich trinke, schaut er weg. Er lässt mich vorgehen, das Tempo angeben. Ich gehe voraus und kann nicht aufhören nachzudenken, weshalb er wegschaut, wenn ich trinke. Hat er oder hat er nicht einmal den Satz gesagt, dass auf einmal alles an dieser Beziehung Arbeit war. Natürlich hat er. Er hat gesagt: Sie anrufen war Arbeit, es nicht zu tun, war es auch. Und dass es ihr umgekehrt wohl nicht anders ginge, sonst würde sie sich öfter melden bei ihm, sonst wäre sie damals doch aufgetaucht, als er ihr am Telefon eröffnete, bleiben zu wollen. Und hat er oder hat er nicht kürzlich erst von Arbeit gesprochen, dass Arbeit mehr sein müsste als Geld gegen Zeit, aber auch mehr als das Ausführen einer Tätigkeit. Dass Arbeit den Menschen »als Ganzes ansprechen«, »zum Klingen bringen« müsse, hat er gesagt, und ich habe geschwiegen, nicht, um mich zu enthalten, sondern weil es still war in mir. Krankenschwester war ich immer als Ganzes. Arbeitslos bin ich nur am Papier.

Ich frage mich, ob ich es übertrieben habe mit dem Nichtfragen, ob mir das Nichtfragen nicht entglitten ist, sodass ich jetzt damit leben muss, nichts zu erfahren. Ich will daran, wie Corinna hier auftauchen könnte, gar nicht denken. Ich will nicht, dass er mir etwas verspricht, und ich will auch ihm nichts versprechen. Kein Haar, denke ich, kein einziges Haar will ich von ihm, aber das stimmt nicht, ich will ein Haar, ich will sogar viele, alle eigentlich, ich will nur nicht vom Herbst reden und etwas von Produktdesign. Ich sage: »Warum schaust du weg, wenn ich trinke?«

Er sagt: »Damit ich dich nicht fressen muss.« Dann schüttet er sich Wasser aus der Flasche ins Gesicht.

Wo sind die Beeren?

Ich gehe einfach weiter, den Wald hinauf. Bald sehen wir die ersten, ein Stück noch, dann werden wir zwischen den Stauden knien, eine Beere nach der anderen in die Hand rollen lassen. Es ist schon gut so, wie es ist, denke ich, als wir beginnen, zu pflücken, er dort, ich hier. Nie wieder, denke ich und schütte eine Hand nach der anderen in den Korb, diese fremden Corinnas oder Maries, für die ich hoffen muss und zugleich das Gegenteil. Nie wieder diese Traumsäulenfrauen, die herumstehen in der Zeit, im Wald, im Weg.

So wie er dort drüben die Beeren pflückt, sehe ich an seinem Rücken die Selbstverständlichkeit, mit der er in der Welt steht: Er hat überhaupt keine Angst. Wahrscheinlich denkt er nicht einmal mehr an seinen Herzinfarkt, sogar den hat er sich besonnen eingebaut in die eigene Geschichte: der Luxusinfarkt, der sein Leben geändert hat. Wie er da so kniet, denke ich, dass er für das Glück wirklich begabt ist und ich genau gar nicht, obwohl wir wahrscheinlich gleich viel Glück oder Unglück haben, nur dass es ihm überwiegend freudig gleichgültig ist und ich auch an guten Tagen von einem anderen spezifischen Gewicht bin, mich fürchte, hässlich fühle oder schäme, irgendetwas ist da immer. Er hingegen fliegt, fliegt im Pflücken beinahe davon, als gäbe es kein Amt für Eich- und Vermessungswesen, als gäbe es keine Corinna in der Münchner Arbeitswohnung und kein Zuhause mit nichts als einer harten Zitrone, als gäbe es keine Jahre nach seinem Jahr. Dieser Mensch hat alle Zitronen vergessen, die er jemals irgendwo liegengelassen hat, während ich an meinen bis zum letzten Tropfen sauge, und dann auch noch an denen, die mir gar nicht gehören.

Zurück kommen wir mit violetten Fingern. In der Küche mischen wir die Beeren mit Mehl und braten sie in Butter heraus. Er holt Milch, ich streue Staubzucker auf die Nocken. Sie sind sauer, und der Zucker darauf ist süß. Wir essen zu dritt, schweigend, bis der Potutznik fragt, ob mit uns alles gut ist. Stumm nicken wir und essen.

Elise schabt an der Tür. Ich bin froh, dass ich aufstehen und sie hereinlassen kann. Wenn ich da bin, will sie zu mir. Der Potutznik lässt es längst geschehen, dass sie nach drinnen kommt.

Es war nichts. Und doch war etwas. Er wird immer noch leichter. Weil ich so schwer bin, vielleicht. Vielleicht werde ich ihm gar nicht zu schwer, aber er mir zu leicht.

»Ich geh noch ins Wirtshaus«, sagt der Potutznik und schaut von einem zum anderen. Wir schauen ihn an. Er geht kaum einmal ins Wirtshaus, schon gar nicht, seit er mit Elise zurückgekommen ist.

»Schon gut«, sage ich, »brauchst du nicht.«

»Ich geh trotzdem«, sagt der Potutznik und isst rasch auf, als habe er es plötzlich eilig.

Dann ist er weg. Sogar Elise ist ganz still, wie sie so in die Leere zwischen uns schaut.

Jetzt riechen wir es beide. Froh um die Ablenkung, schauen wir einander doch wieder an. Ich sollte eine Idee haben, wenigstens eine Ahnung, wo das herkommt, wo wir nachschauen, wonach wir suchen könnten. Stattdessen fällt mir die Songzeile ein. *What is simple in the moonlight by the morning never is.*

20 **Am nächsten Tag köchelt** der große Topf am Herd. Der fruchtgeschwängerte Dunst der Hitze macht die Fliegen benommen. Manche bleiben reglos am Küchenboden liegen.

»Was der Mensch tut, und was er daherredet, sind zwei Paar Schuhe«, sagt der Potutznik, als er herunterkommt. Er reibt sich die frisch gewaschenen Brillengläser am Geschirrtuch trocken, geht hinaus und lässt sich auf die Bank fallen. Er weiß, dass ich ihm folge.

»Was meinst du damit? Was ist?« Ich setze mich zu ihm.

»Der Wirt will Elise zurück.«

Der Städter ist aus der Kammer gekommen, als er uns sprechen gehört hat. »Was sagst du?«

»Er hat sie verspielt, weil er nichts anderes mehr gehabt hat. Was will er jetzt mit ihr?«, frage ich.

»Sie verkaufen vielleicht«, sagt der Potutznik.

»Du hast sie gewonnen«, sage ich.

»Ich wollte nicht einmal spielen«, sagt er.

»Aber du hast sie gewonnen. Weil du gespielt hast.«

»Weil er mich gezwungen hat, mehr oder weniger. Aber ja, ich habe gespielt.«

»Du hast gespielt und gewonnen«, sage ich. »Das ist eine klare Sache. Wir geben Elise nicht her.«

»Der Randt ist entschlossen, behauptet, ich hätte ihn über den Tisch gezogen. Mit dem redest du keinen klaren Satz mehr.«

»Und du willst sie einfach zurückgeben?«, fragt der Städter.

»Wollen!«, sagt der Potutznik. »Ich will den Ärger nicht mit ihm.« Und ein bisschen klingt es wie: den Ärger überhaupt.

Die Abendsonne fällt noch durch die staubigen Scheiben auf die Bierdeckelhalter in der Mitte der Tische. In der Küche klirren die Gläser, es wird durcheinandergeredet, getrunken und geraucht. Hier herrscht zu jeder Jahreszeit Alltagsbetrieb, der durch unser Eintreten jäh unterbrochen wird. Auch gemeinsam werden wir ins Gerede gekommen sein.

»Ohne Vorwarnung«, haben wir beschlossen, denn vorher anrufen, um etwas klarzumachen, da waren wir uns einig, das wäre gewiss schiefgegangen. Der Wirt wäre gleich abgefahren mit uns. Aufgelegt ist schnell.

Durch die Stille gehen wir zu einem der wenigen freien Tische. Es ist der gleiche wie der, an dem ich dem Städter damals das Watten beigebracht habe. Er war ein schlechter Schüler, unaufmerksam, und ich keine besonders gute Lehrerin, ohne Geduld.

»Was ist?«, sagt Maria statt einer Begrüßung, als sie unsere Gesichter sieht.

»Wir wollen den Wirt sprechen«, sage ich und merke sofort, wie blöd das klingt. Dieser Auftritt ist jetzt schon misslungen, aber Zurück gibt es nun auch keines mehr.

»Der ist oben. Wieso?« Wie praktisch, denke ich, dass die Fremdenzimmer nur noch von ihm genutzt werden.

Maria schaut mich bemüht gleichgültig an. »Hat er was getan?«

»Nein«, sage ich.

»Na ja«, sagt der Städter.

»Was war?« Maria baut sich auf, aber eher ist es, als ob sie sich selbst damit stärken wollte, als uns einzuschüchtern.

»Nicht schlimm«, sagt der Städter, »aber wir wollen reden.«

»Wenn ich ihn hole«, sagt Maria, »will er spielen. Er ist blau.«

»Er ist erwachsen«, sage ich. Wie schrecklich das sein muss, sich andauernd vor jemanden wie den Wirt stellen zu müssen, nur aus Angst um die eigene Arbeit.

Maria zuckt mit den Schultern. Der Gruber, der Schreiber und der Havel sitzen an einem Tisch und schauen mitgenommen aus.

»Ich hab eigentlich schon genug für heute«, sagt Maria. »Die sind noch von gestern.«

»Muss der Havel nicht arbeiten?«, frage ich.

»Schon, ja. Aber der kann jetzt nicht fahren.«

Sie zuckt erneut mit den Schultern. Ich denke an den Vater, der mich heute Morgen darüber in Kenntnis gesetzt hat, dass sein Augenlid zuckt und er das neurologisch abklären lassen wird.

»Macht ihm bloß keinen Ärger«, sagt Maria, bevor sie geht, um den Wirt zu holen.

Es dauert ewig, bis der Wirt in der Tür erscheint. Dort bleibt er stehen. Er sieht den Gruber, den Schreiber und den Havel, der auf seinen Armen am Tisch eingeschlafen ist.

»Sperrstund!«, schreit der Wirt.

Niemand schaut ihn an. Der Gruber zieht nur die Augenbrauen in die Höhe. Die Beharrlichkeit, mit der diese Männer ihn ignorieren, hat etwas Bitteres. Das ist sein Haus, aber niemand hier scheint das zu respektieren.

Ich suche den Blick des Städters.

Lassen wir's sein.

Er schüttelt den Kopf.

»Raus alle!«, schreit der Wirt, sodass die Spucke über die Tische in seiner Nähe, über die rotweißkarierten Tischdecken und die Bierdeckel und die Serviettenständer fliegt.

Der Gruber und der Schreiber setzen sich langsam in Bewegung, ohne den Wirt anzuschauen. Das muss schlimm sein, denke ich, wenn du im eigenen Ort auf eine Weise alt wirst, dass dich niemand mehr anschauen kann. Der Schreiber zieht den Havel am Arm hoch, der schwankt und kommt dann doch zum Stehen. Havel wischt sich mit dem Ärmel übers Kinn. Sie ziehen ihn Richtung Ausgang, finden seine Jacke nicht, stoßen ein paar derbe Flüche aus und wanken schließlich hinaus. Die Tür kracht ins Schloss.

»Was wollt ihr?«, sagt der Wirt plötzlich seltsam klar, als habe er seinen Rausch nur gespielt. Er kommt an den Tisch, zieht sich vor dem Hinsetzen mit beiden Händen die Hose hinauf, setzt sich breitbeinig uns gegenüber, dann lehnt er sich zurück, dass der Sessel knarrt. Seine glasigen Augen mustern jeden von uns nur kurz, als habe er Angst vor dem, was er in unseren Gesichtern zu sehen kriegt.

»Die Geiß bleibt bei uns«, sagt der Städter ziemlich laut. Es ist das erste Mal, dass er nicht Ziege sagt.

Der Wirt lacht. »Wovon redest du?«

»Die Geiß, die du dem Potutznik überlassen hast.«

»Überlassen?«, sagt der Wirt. »Abgeluchst hat er sie mir!«

Wir schweigen. Der Städter legt mir die Hand auf den Arm, um mich von etwas abzuhalten, und zieht sie sogleich wieder weg. Besoffene Männer bloß nicht in die Enge treiben. Selbst leiseste Gesten unterlassen. Ich höre Beas Stimme, Bea, wie sie erzählt, was wirklich mit dem Schwiegersohn des Onkels vom Hochleitner war. Dass der nicht einfach hinaus auf den See gefahren und untergegangen ist. Einer Frau ist er nachgefahren, seiner Frau, die in dieser Nacht davongerannt ist vor ihm. Aber dieses Detail, was einer im Sinn hat, der besoffen mit dem Moped eine Frau auf das Eis hinaustreibt, war dem Vater nicht einmal der Rede wert.

Der Wirt stützt die Hände ins Gesicht.

»Was willst du von mir, du Student?«, sagt er.

»Die Geiß bleibt bei uns«, sagt der Städter noch einmal.

»Wenn wir sie jetzt wieder hergeben, hört das Geschrei nie auf«, sage ich. »Das sag ich dir schon jetzt, mit der hast du keine Freude mehr.«

Der Wirt sitzt da, die Hände im Gesicht, rührt sich nicht.

»Freunde hab ich sowieso keine mehr«, sagt er jetzt mit dieser Weinerlichkeit der Alkoholiker, die ich schon in meiner Kindheit kannte.

»*Freude*, habe ich gesagt«, sage ich laut.

Aber er schüttelt nur den Kopf, und sagt: »Das auch.«

»Kein Wunder«, sage ich und denke, dann hör auf mit dem Saufen und dem Spielen, und vielleicht wird's nochmal was.

»Diese Scheiße«, sagt der Wirt unter den Händen heraus, »diese ganze Scheiße.«

Wir schauen einander an. Er hat die Geiß schon wieder vergessen. Er wird sogar vergessen, dass er vergessen hat, was wir gesagt haben. Stattdessen wiederholt er nur schon wieder, wie groß diese Scheiße ist.

Ich sage gar nichts, denn müsste ich jetzt sprechen, würde ich schreien. Wie froh ich einmal gewesen bin, so vieles vergessen zu haben, was mir hier wieder einfällt: den selbstmitleidigen Alkoholismus der Männer. Dass eine Frau, die davonrennt und gerade nicht auf dem Eis zusammengefahren wird, im Gerede eine Hure ist, wie überhaupt jede Frau bestenfalls eine Alte und schlimmstenfalls eine Hure ist. Dass Student als Schimpfwort gilt. Dass jeder, der weggeht oder reich wird oder ein besonderes Glück hat, ein Verräter, nicht wie alle anderen ist. Dass alle anderen immer vom Vorabend übrig bleiben und dann mit dem Auto heimfahren, und dass jeder, der etwas dagegen sagt, schwul ist. Dass überhaupt Schwulsein eine gängige Beleidigung für alle möglichen charakterlichen Defizite ist und deswegen jeder, der etwas gegen alkoholisierte Autofahrer sagt, ein Schwuler oder ein Aristokrat oder ein Petzer oder ein Schwitzer ist. Dass jeder, der nicht bereit ist, sich dieser überall vorherrschenden Rücksichtslosigkeit zu fügen, von sich glaubt, etwas Besseres zu sein und seine Rechnung eines Tages schon noch präsentiert bekommen wird. Hochmut kommt vor dem Fall, sagen sie und heben ihre Gläser.

Der Ton des Wirtes wird rau: »Das Viech kriegt ihr nicht, das gehört mir. Ich hab es dem Potutznik nur abgetreten, ordnungsgemäß gewonnen hat er es nicht.« Er haut halbherzig mit der Faust auf den Tisch.

»Er hat sie gar nicht haben wollen!« Ich höre, dass ich schreie. »Er hat sie nur genommen, weil sie ihm leidgetan hat. Weil *du* ihm leidgetan hast, weil er wollte, dass ihr quitt seid. Er wollte nicht einmal spielen mit dir. Du wolltest, und du hast verspielt.«

Der Städter schaut mich von der Seite an, und auch wenn ich seinen Blick nicht erwidere, glaube ich zu spüren, dass er ein bisschen beeindruckt ist.

Der Wirt hat den Kopf schief gelegt, als müsste er erst verdauen, dass eine Frau spricht.

Dann aber beginnt er zu lachen und schüttelt den Kopf.

»Ihr könnt mich mal am Arsch lecken«, sagt er seelenruhig.

»Ich gehe«, sage ich zum Städter.

Der legt mir wieder die Hand auf den Arm. »Warte kurz.«

Zum Wirt gewandt sagt er: »Also gut.« Er nimmt seine Hand von meinem Arm, legt sie in seine andere, auf dem Tisch, schaut dem Wirt geradewegs in die Augen und sagt: »Dann gewinnen wir sie eben noch einmal.«

Der Wirt schaut für einen Augenblick wie belämmert. Sein Mund ist leicht geöffnet, aber seine Augen sind jetzt wach. Dieser Mensch kann nicht so viel verlieren, dass er nicht mehr gewinnen will, denke ich und stehe auf. »Mit mir nicht. Ich gehe.«

Der Wirt holt die Karten aus der Brusttasche und beginnt, mit klatschenden Bewegungen zu mischen, ohne dabei den Blick vom Städter abzuwenden. »Der erste Punkt entscheidet.« Schon hat er ausgegeben.

Hinter dem Tresen, wo Maria zusammenräumt, klirrt etwas so laut, dass es wehtut. Zum Städter gewandt sage ich: »Was soll das? Sie gehört uns.«

»Als würde das hier noch jemand kapieren«, sagt der Städter und nimmt seine Karten an sich.

»Schöneres«, schlägt er stattdessen vor, nachdem er sein Blatt betrachtet hat, aber das muss nicht heißen, dass es wirklich ein schlechtes ist. Es könnte genauso gut ein Bluff sein, woran sich der Städter ziemlich sicher nicht mehr erinnern wird. So habe ich es ihm beigebracht: Alles ist nur zum Schein, und niemandem kannst du trauen. Der kühnere Lügner, der bessere Blender gewinnt.

»Die Geiß gehört uns«, sage ich ein letztes Mal, »du brauchst sie nicht zurückzugewinnen. Wenn du spielst, spielst du um ihr Leben.«

»Aber ich gewinne«, sagt der Städter, ohne mich anzuschauen.

Der Wirt macht den ersten Stich, und tatsächlich verliert der Städter nach wenigen Runden. Mit zusammengepressten Lippen schaut er mich an.

»Revanche«, sagt er.

»Hast du mir damals eigentlich zugehört?«, sage ich.

Er starrt konzentriert auf den Tisch.

»Revanche«, sagt der Wirt, »gibt es nicht. Wir spielen sowieso bis fünfzehn, erst dann ist das Spiel vorbei. Aber ausgemacht ist ausgemacht, die Geiß wandert also zu mir.«

»Gut«, sagt der Städter, »dann lassen wir es.«

»Wir spielen bis fünfzehn«, der Wirt bleibt stur.

»Worum soll ich spielen, wenn ich die Geiß schon verloren habe? Einen anderen Einsatz habe ich nicht.«

»Von mir aus, spielst du halt um die Geiß«, sagt der Wirt.

»Du spinnst«, sage ich zum Städter.

»Ich mach das schon«, sagt er und schaut mich gar nicht mehr an.

Als er endlich durch die Tür kommt, ist es draußen stockdunkel. Als habe Elise gespürt, dass es andernorts um ihre Zukunft geht, hat sie sich nicht abwimmeln lassen und so lange gejammert, bis wir sie wieder hereingelassen und auf die Eckbank gehoben haben, wo sie jetzt, den Kopf auf den Vorderbeinen, eingeschlafen ist und schnauft wie ein Baby. Stumm schauen wir den Städter an. Dem Potutznik ist meine Wut unangenehm. Schweigend hängt der Städter seine Jacke, die schon viel zu warm ist für die Sommernächte, an den Haken und setzt sich zu uns. Eine Weile sitzen wir und schweigen, er schaut, als gäbe es zwischen den umgedrehten Tassen etwas zu entdecken. Dann kann er nicht mehr anders und muss lächeln.

»Ich habe verloren«, sagt er nickend.

»Du hast verspielt?« Der Potutznik ist um Sachlichkeit bemüht.

»So ist es«, sagt der Städter. »Aber dann habe ich gewonnen.« Er klopft auf den Tisch.

»Ruhig«, zische ich, »du weckst sie noch auf.« Das will wirklich niemand, dass sie jetzt zu schreien anfängt. »Lass dir nicht alles aus der Nase ziehen!«

»Und dann?«, fragt der Potutznik.

»Dann wollte er eine Revanche, und wir haben weitergespielt …«

»Mit welchem Einsatz?«, will der Potutznik wissen.

»Du mit Elise«, sage ich.

»Und der Wirt mit der Schank«, sagt er.

»Mit der Schank?«, sagen der Potutznik und ich.

»Ja sicher«, sagt der Städter, »und ich hab gewonnen.«

»Und dann hast du dir gedacht, das nutze ich gleich und nehme einem alten Säufer einen Gutteil seines Besitzes ab«, sage ich.

»Dann hat er einen Moralischen gekriegt und hat angefangen,

dass ihm am liebsten wäre, ich nähme nicht nur die Schank, sondern gleich das ganze Haus.«

»Das ganze Haus«, sagen wir wie aus einem Mund.

»Ich habe das natürlich nicht ernst genommen. Aber er hat sich nicht beirren lassen. Er hat geweint und wollte unbedingt um das Haus spielen.«

»Um das Wirtshaus?«, sagt der Potutznik, der jetzt endlich auch einmal hörbar um Fassung ringt.

»Also wenn du das getan hast, ist dir nicht zu helfen«, sage ich.

»Das Haus ist alt«, sagt der Potutznik und rückt sich die Brille auf der Nasenwurzel zurecht. »Dir ist schon klar, dass das nichts wert ist! Im Gegenteil, wahrscheinlich kostet es ein Vermögen, diese Bruchbude überhaupt zu erhalten.«

»So ist es«, sagt der Städter, »das ist es ja. Der schafft das nicht mehr. Er geht kaputt und das Haus mit ihm. Er hat geschluchzt, dass er sich umbringt, wenn er das Haus nicht loswird, weil er das alles nicht mehr zahlen kann, und überhaupt, dass er nicht mehr arbeiten kann und das Saufen nicht mehr erträgt und sich selbst nicht mehr. Und dass er ja oben am Waldrand lebe, dass er in dem kleinen Häuschen wohnen bleibe, aber das Wirtshaus sei ihm einfach zu viel.«

»Das ›kleine Häuschen‹ oben am Waldrand«, sagt der Potutznik, »das wäre was wert. Aber so oder so, das macht alles nichts, denn du hast verloren, und das Wirtshaus bleibt ihm.«

»Ich habe gewonnen«, sagt der Städter. »Ich wollte verlieren, aber dieses Watten ist ein seltsames Spiel. Sobald man denkt, man hat einen Plan, passiert das Gegenteil.«

»Du bist kein Wirt«, sage ich, »was soll der Blödsinn? Außerdem hast du nicht so viel Geld.«

»Ein bisschen Geld habe ich schon. Vielleicht mach ich auch ganz was anderes mit dem Haus.«

»Das kannst du nicht entscheiden. Auch wenn es dir wirklich gehört, die Leute hier brauchen ihr Wirtshaus.«

Er zuckt mit den Schultern.

»Ich habe keine Ahnung, was ich damit machen will. Vielleicht richten wir die Zimmer her, lassen uns was einfallen, machen ganz was Neues, wer weiß?«

»Wir?«

»Wie viel Geld werde ich brauchen?«, fragt er entschlossen, nimmt sich ein Glas aus der Vitrine und schenkt uns Rotwein nach und sich ein.

»Schwer zu sagen«, sagt der Potutznik, »viel.«

»Vierzigtausend?«

»Sind sofort weg. Mach die Dämmung neu, und die sind weg. Oder die Böden.«

»Die Böden sind doch gut«, sagt der Städter, der überhaupt keine Ahnung von Böden hat, wie alle hier im Raum wissen.

Der Potutznik atmet nur hörbar durch die Nase aus.

»Du hast eine Schanklizenz«, sagt er dann. »In Österreich hat jeder, der studiert hat, automatisch eine Schanklizenz.«

»Nicht dein Ernst.«

»Doch«, sagt der Potutznik, »trotzdem: Wenn du Wirt spielen willst, brauchst du eine Konzession. Die hast du natürlich nicht, die kostet auch was.«

»Wird das kontrolliert?«

»Keine Ahnung«, sagt der Potutznik, »irgendwann schon. Kommt wohl darauf an, ob dich jemand meldet. Also stell dich lieber gut mit allen.«

»Ich habe eine Schanklizenz«, wundert sich der Städter.

»Ja«, sagt der Potutznik, und dann folgt eine lange Pause.

»Der Wirt wird das anfechten, sobald er zu sich kommt«, sage ich.

»Das glaub ich eher nicht«, sagt der Städter und legt einen

vorgedruckten Vertrag auf den Tisch. »Er hat das alles lange vorbereitet. Ich glaube, der ringt schon länger mit sich. Der kann nicht mehr, der muss was tun. Wenn es wahr ist, ist er heute noch in der Klinik.«

»Wenn es wahr ist.«

Ich weigere mich, mir das anzuschauen. Ich will das eigentlich gar nicht sehen. Mich ärgert, mit welcher Selbstverständlichkeit er sich hier einnistet, als gehöre alles von vornherein ihm. Mich ärgert, wie wenig er weiß über das Leben hier. Er sieht nur, was er sehen will.

»Ich denke schon, dass so eine Schenkung Gültigkeit hat. Beglaubigt wird sie werden müssen. Das kostet alles was. Steuern wirst du zahlen.«

»Ich werd's überleben. Wir werden ein Haus haben. Irgendwie wird was hereinkommen. Vielleicht helfen alle zusammen.«

»Ha«, sage ich.

Sein Glas ist schon wieder leer. Ich habe meines noch nicht angerührt. Erst jetzt begreife ich, wie sehr ihm das alles gelegen kommt. *Einbringen* wollte er sich ja. Etwas in Bewegung setzen. Seine Antennen sind ausgefahren. Er sehnt sich nach Austausch. Er will nichts mehr vermessen, keine Kommastellen sehen. Der Städter braucht keine Ergebniswerte mehr. Er hat die lila Wolkenträume eines Irren. Für Maß und Ziel ist er verloren.

Bei mir verhält es sich umgekehrt, denke ich und trinke einen großen Schluck. Das Soziale soll mir vom Leib bleiben, das Menschliche möglichst still sein. Baupläne und Grundrisse möchte ich zeichnen, mit der Schublehre Maß nehmen. Ich werde alles genau wissen, er wird in den Wolkentraum schauen. Ich werde planen, er spinnen. Wir werden sehen, wer am Ende gewinnt.

21 **Dass der Randt das** Wirtshaus verspielt hat, erfährt innerhalb der nächsten achtundvierzig Stunden jeder, ob er es wissen will oder nicht. Der Großteil erfährt es beim Gemischtwarenhändler, wo die Neuigkeit so selbstverständlich und ungefragt mitgegeben wird wie das kostenpflichtige Plastiksackerl: »Und dass der Randt das Gasthaus verspielt hat, hast du schon gehört?«

Ja, nein, über zwei Ecken hat es jede und jeder gehört. Und jeder hat ein bisschen etwas anderes gehört, aber niemand wirklich genug. Dann und wann kommt das eine oder andere dazu, da oder dort wird das eine oder andere ausgespart, vergessen, der Einfachheit halber weggelassen. Im Kern aber bleibt es sich gleich: Der Wirt hat beim Watten das Wirtshaus verspielt.

Da staunt der Städter nicht schlecht, dass die meisten hier einen solchen Vorgang anscheinend für ganz normal halten. Und noch mehr staunt er, weil die Männer einfach weiter ins Wirtshaus gehen, als wäre nichts. Männer wie der Schreiber und der Gruber denken überhaupt nicht daran, die schwerste Stunde des Tages allein zu Hause am Küchentisch zu verbringen. Denn wenn sie ihr karges Frühstück hinter sich haben und mit dem Rauchen einer ersten Zigarette fertig sind, wenn sie die Küche aufgeräumt und die Wohnung gelüftet haben, das Bett gemacht ist und die Erledigungen des Vormittags um sind, ist es kurz vor elf, und der Gruber läutet beim Schreiber, und der Schreiber kommt wie immer aus dem Haus, und sie gehen gemeinsam den Weg hinüber zum Wirtshaus, egal, wer hinter der Bar steht. Tatsächlich hat der Wirt alle Schlüssel in ein Kuvert gepackt und beim Potutznik in den Postkasten gelegt.

»Sie tun einfach, als wäre nichts«, steht der Städter fassungslos im Hinterzimmer der Gaststube und tut, als wäre auch zwischen uns nichts, als käme die Stimmung aus dem offenen

Kühlschrank, als müsste ich ihm jetzt, wo er sich in diese Lage hineinmanövriert hat, zur Seite stehen wie jemand, der keine eigenen Beine hat, auf denen er steht. Dann geht die Tür auf, und Maria kommt herein.

»Sie kommt zur Arbeit«, sagt der Städter in meine Richtung.

»Was soll sie sonst tun?«, sage ich. »Sie bekommt bestimmt noch Gehalt. Ist sie überhaupt schon gekündigt?«

»Keine Ahnung.«

Dann geht die Tür wieder auf, und der Havel kommt herein.

Vom Städter und von mir nimmt weiter überhaupt niemand Notiz, obwohl natürlich jeder weiß, was passiert ist. Es ist ein bewusstes Ignorieren, ein Aufbegehren durch Gewohnheit. Von euch Neuen lassen wir uns das Unsere nicht nehmen.

Ich schaue den Städter von der Seite an. »Denen ist egal, wem das Haus gehört. Sie setzen sich hinein, weil es kein anderes gibt.«

»Was sitzt ihr denn da so herum, am helllichten Tag?«, sagt der Havel missmutig und setzt sich dazu.

Maria hat sich umgezogen, ist grußlos nach hinten gekommen und schaut beim Hantieren mit den Gläsern kein einziges Mal auf.

»Ein Bier bitte, Frau Oberin«, sagt der Havel mit gefalteten Händen, »und vergib mir meine Sünden!« Er reibt sich die Hände und schaut motiviert in die Runde. »Was schaut ihr denn so belämmert?«

»Hast du's nicht gehört?«, fragen sie.

Der Havel hat nichts gehört. Der Havel ist tatsächlich der Einzige, der die letzten achtundvierzig Stunden ganz andere Probleme gehabt hat. Er hat, wie er jetzt kleinlaut erzählt, vorgestern ein Bier zu viel gehabt und ist mit seinem Auto in eine Laterne gefahren, eine vollkommen überflüssige Laterne mitten im Nirgendwo, »wo du nie damit rechnest«, ausgerechnet auf dem Grund des Baumeisters, die dort wirklich keine Menschenseele braucht, aber für einen Totalschaden hat sie gereicht. Und weil das Auto geleast ist, erklärt der Havel, hat es gleich einen Unfallbericht gebraucht, »hochoffiziell, die ganze Angelegenheit«, er macht eine wegwerfende Handbewegung, und bei »hochoffiziell« pfeift der Gruber durch die Zähne.

Und das alles wegen einer Laterne, die nicht einmal eine ist. »Garagenlaterne, oder wie soll man sagen. Ein Witz!«

»Und jetzt?«, sagt der Schreiber und klopft ein bisschen unbeholfen mit den Bierdeckeln auf den Tisch.

»Jetzt«, sagt der Havel, »bin ich den Schein los. Drei Monate ohne Schein und viertausend Euro.«

»Und jetzt kannst du nicht fahren?«, fragt der Gruber.

Maria bringt das Bier, geht zurück zu den Kühlräumen und räumt hinter dem Haus herum, lässt aber alle Türen offen stehen, als müsste sie uns beobachten.

»Und wer fährt jetzt statt dir?«, fragt der Schreiber.

Der Havel zuckt mit den Schultern. »Wird sich einer finden. Findet sich doch immer einer.« Er schaut von einem zum anderen, als müsste er sich vergewissern, dass die wissen, wen er meint. Dann schweigt er eine Weile.

»Ihr müsst euch das ja alles ganz anders vorstellen. Das ist sowieso keine Arbeit«, sagt er dann. »Im Grunde bin ich froh, dass es vorbei ist. Was da rauskommt, ist kaum mehr als Arbeitslosengeld. Eine Arbeit zu haben, nur um sich einzureden, dass man eine Arbeit hat? Das ist zu wenig. Das ist zu viel! Das ist keine Arbeit.«

Dann sagt keiner mehr was, nur die Ausspüldüse gurgelt leise vor sich hin, und die drei Männer trinken schweigend so langsam ihr Bier, wie hier vielleicht noch niemand sein Bier getrunken hat. Der Städter schaut mich an, als wäre es an mir, etwas zu unternehmen, aber da weht ein elender Geruch zu uns herüber, den wir sofort wiedererkennen als den, auf den der Schreiber uns aufmerksam gemacht hat. Wortlos schauen wir einander an. Als er keine Anstalten macht, sich zu rühren, schnaufe ich und gehe als Erste in die Richtung, aus der der Gestank kommt.

Er kommt aus dem Verschlag hinter dem Haus. Schon für den Weg dorthin bräuchten wir Gummistiefel, ab der Hintertür waten wir knöchelhoch im Dreck, der hier, zwischen den kalten Mauern, auch bei der Hitze nicht auftrocknet. Ich verfluche den Städter und seinen bescheuerten Plan. Was heißt überhaupt Plan, denke ich, nicht jede halbgare Spontanidee ist gleich ein Plan. Der Städter ist vor lauter Gelassenheit schon ganz weich im Kopf. Der hat plötzlich angefangen, nicht mehr nachzudenken, und zieht das jetzt konsequent durch, bis sein Jahr abgelaufen ist. So lange ist das nicht mehr, nächstes Frühjahr schon, aber er tut, als käme das nie, als gäbe es kein Frühjahr und auch keinen Herbst, als gäbe es überhaupt keine Zukunft oder wenn, dann nur eine, über die man nicht nachdenken muss. Aber wenn es so weit ist, denke ich grimmig, während ich durch den Dreck stapfe und er hinter mir her, wenn das Frühjahr kommt, wenn auch er merkt, dass sein Jahr aus ist, dann haut es ihn aufs Maul. Das weiß ich. Nächstes Frühjahr bremst er mit dem Gesicht.

Der Gang, der zwischen dem Haus und der angrenzenden Holzwand des Verschlags entlangführt, ist schmal, nur von ganz oben kommt zwischen den Dächern etwas Licht herein. Hier hinten sind wir ganz allein, Maria hantiert noch in den Kühlräumen im Inneren des Hauses. Von hier draußen wird erkennbar, wie schief dieses Haus ist, dieser Schlitz Himmelweiß über uns wird schmal und schmäler, ganz hinten angekommen, verschwindet er ganz. Der Verschlag, auf den wir zugehen, ist nur von hier und hinten von der Wiese zugänglich. Es stinkt penetrant nach Tierkot, aber auch dieser andere Geruch mischt sich darunter. Jetzt ist es ganz dunkel, da, wo wir stehen. Ich höre den Städter atmen, wir warten, bis unsere Augen sich an die Dunkelheit gewöhnt haben. Ich strecke eine Hand aus und ertaste die hölzerne Wand des Verschlags zu meiner Rechten. Weiß der Himmel, wo diese Tür ist, der gesamte Verschlag ist aus alten Brettern zusammengebaut, manche sind locker, andere ganz herausgefallen, es ist klebrig und feucht. Ich taste, es schüttelt mich vor Ekel, jetzt habe ich einen Griff in der Hand, mit dem Ellbogen stoße ich dagegen. Ich ziehe die Tür auf und lasse dem Städter den Vortritt.

»Bitteschön. Es ist dein Haus.«

Der Städter bittet mich, damit aufzuhören, dass genau so etwas eben sicher keine Frage sein könne, wenn man hier und überhaupt eine Zukunft möchte, dass es im Grunde egal sein müsse, wem das Haus gehört.

Ich spüre, dass er mit den Augen rollt. Langsam gewöhnen sich unsere Augen an die Dunkelheit. In der Ecke liegt etwas, zuerst sieht es aus wie ein Haufen Stroh, das schwarz geworden ist, schimmlig und alt.

Wir brauchen ein paar Augenblicke, bis wir verstehen, dass sich unter dem Stroh etwas verbirgt. So richtig begreifen wir das aber erst, als wir das Surren der Fliegen hören, das anschwillt, als wir darauf zugehen, und mit einem Mal in einem wildgewordenen Schwarm aufgeht. Wir stören hier ein exzessives Fliegenfressen, keine Frage, dass das ein Kadaver ist.

Der Städter hält sich die Hand vor den Mund. Hier liegt ein totes Tier, der Größe nach eine Kuh oder ein Pferd.

Ich will nicht näher hinsehen. Und schon gar nicht will ich, dass sich eine dieser Fliegen, die gerade noch im Leichensaft gebadet haben, auf mich setzt.

»Ich rufe jemanden«, höre ich mich stammeln, dann gehe ich hinaus, laufe durch den Gang zurück, stoße einmal links gegen das klebrige Holz, einmal rechts gegen die unverputzte Mauer, höre meine Schuhe schmatzen im Dreck und halte die Luft an, bis ich durch die Hintertür hinein ins Haus, an den Kühlräumen und am Lager vorbei und durch die Seitentür wieder hinausgelaufen bin, wo ich erst einmal die Hände auf die Knie stütze und atme, den ganzen widerlichen Geruch aus mir herausatme, sofern das jemals wieder möglich sein sollte. Dann erst rufe ich den Vater an.

Der Vater fragt mich ohne Regung, um was für ein Tier es sich der Größe nach ungefähr handle, »Hund oder Kuh?«

Ich sage: »Pferd.«

Er ruft uns die Tierkadaververwertung.

Auf dem Schlossparkplatz warten wir geschlagene zwei Stunden. Wir sprechen kaum. Atmen. Mal geht der Städter ein paar Schritte weg, dann wieder ich. Es ist unser Tanz, wir tanzen ihn schon seit Beginn. Wendet sich der eine nicht ab, tut es der andere. Irgendeine Fliehkraft ist da immer, irgendeine Anziehung auch. Zwischen uns wirken Kräfte, die sich nur erschöpfen können.

Als die Tierkadaververwertung, zwei Männer und ein weißer Kleinlaster, endlich ankommt, wird schnell deutlich, dass das Pferd bereits vor Wochen verendet sein muss. Sie benötigen weder den Lastenkran noch die Rollbarren, lediglich sieben große Plastiksäcke, die ich nicht zählen will und es trotzdem tue, brauchen sie, in denen sie die zersetzten Überreste des Tiers hinausbefördern.

Als ich höre, wie sich der Städter hinter dem Verschlag übergibt, spüre ich so etwas wie versöhnliche Zuneigung zu ihm.

Wir schauen einander an und denken beide an Elise. Beistellziege, fällt mir wieder ein, es hat ja immer geheißen, dass sie Beistellziege war. Doch nicht nur Elise, jeder hätte das riechen müssen.

»Hinten ist das Haus komplett versiegelt, durch diese Kühlräume. Nach vorne geht da absolut nichts durch«, sagt der Mann von der Tierkadaververwertung, der uns das Formular zum Unterschreiben hinhält.

»Und hinter dem Haus«, sagt der Städter, »ist nichts, außer das große Feld, das zu steil ist, da kommt niemand vorbei. Da hätte der Wind schon einmal günstig wehen müssen.«

»Das arme Pferd«, sagt der Mann von der Tierkadaververwertung, als würde er für einen Moment vergessen, wer er ist und womit er, sicher nicht erst seit gestern, sein Auskommen bestreitet. Da schüttelt er sich auch schon, als müsste er sich, ob dieser momentanen Entgleisung, selbst zurechtrücken.

»Ja«, sage ich, um seinen Worten Nachdruck zu verleihen, und denke: das arme Pferd und der ganze elende Ort und seine ewige Rücksichtslosigkeit, und was die eigentlich noch alles kaputtmachen soll. Und dass es für mich langsam wieder Zeit wird, denn es reicht, wenn man an einem solchen Ort seinen Anfang gehabt hat. Was der Städter hier wahrnimmt, sehe ich nicht. Ich gönne es ihm, ich gönne ihm alles, was er hier spürt und erlebt. Ich gönne ihm auch diesen Blick, manchmal neide ich ihm den sogar. Den Blick, mit dem er unter den Kastanienbäumen am See spazieren geht oder hinauf in die Pappel schaut. Für ihn ist dieses Rascheln nur Musik im Wind.

Uns ist bis in die Knochen schlecht. Wahrscheinlich, denke ich, habe ich mir die Rücksichtnahme als Lebenshaltung nur aus Protest antrainiert.

»Jetzt lass uns das erst mal verdauen«, sagt der Städter.

»Alles muss man nicht verdauen«, sage ich.

22 **Auf dem Rückweg werden** meine Schritte schnell. Als müsste ich alles noch einmal ganz genau anschauen, als geschähe erst durch dieses Anschauen, dieses Festhalten mit dem Blick endlich ein Loslösen. Jeden Zaun, jeden Stein, jedes Haus, jeden Meter müssen meine Augen vermessen, bei Licht und Luft betrachten, damit ich gehen kann. Dieser Sommer ist vergangen wie drei Sekunden. Eine Sekunde fürs Ankommen, eine mit dem Städter im See, eine für jetzt.

Der Treppenaufgang vom Schreiber ist sauber gekehrt. Die halb zugezogenen Vorhänge vom Gruber, seine penibel nebeneinander abgestellten Schuhe vorm Haus lassen vermuten, dass er früh nach Hause gegangen ist. Vielleicht ist das schon etwas, was für die Pläne des Städters spricht: Der Gruber ist nach dem ersten Bier gegangen. Er wird heute noch anfangen, dem Städter zu helfen. Der Städter ist in den Augen vom Gruber ein armer Hund, der sich null auskennt, dem man unter die Arme greifen muss. Was weiß ein Studierter! Da braucht er sich nur seine Hände anschauen.

Ich gehe weiter, vorbei an meinem Kindergarten, vorbei an der Volksschule, an die ich so gut wie keine Erinnerung habe. Irgendwo trage ich diesen Menschen von früher noch in mir, weiß, wer er ist, und stehe doch seit Jahrzehnten in keinem Zwiegespräch mit ihm. Ein Ineinandersein im ewigen Schweigen ist das, das erst gebrochen wird, wenn alte Wunden berührt werden. Wer oder was ist da noch? Der Großvater, das einzige Gespräch, das wir jemals über den Krieg geführt haben. Das einzige Mal, dass ich gefragt habe: Warum weinst du? Die einzige Antwort, die ich jemals bekam. Seine Antwort, ein wahrer Satz in seiner eigenen Sprache, ein Satz Wahrheit und Lüge, zu wie vielen Teilen?

Was noch? Die Haut des Bruders und die Ahnung, schon damals, dass das, was erst kommt, nichts mehr zu tun haben wird mit der Sorglosigkeit sonnenwarmer Körper. Das Einschussloch in der Schulter des Großvaters, schwarz und tief wie der See. Das Bummerl auf den Notizblöcken der Kartenspieler, Mutters eingefallene Wangen in *Hard Black* auf meinem Porträt.

Was gewinnst du, wenn du gewinnst? Wie viel verlierst du, wenn du verlierst? Die Frage des Städters: Warum hast du nie Kinder gehabt? Meine Antwort im Stillen: Ich war damit beschäftigt, Eltern zu haben. Wahrheit oder Lüge, und zu wie vielen Teilen?

Mein Weg zurück führt vorbei an den Vogelbeerbäumen, die man von unserem Küchenfenster aus sieht. Mir fällt ein, dass ich sehr groß werden musste, um zu erfahren, dass ein Vogelbeerbaum eine Eberesche ist. Im Kopf immer die halboffene Frage: Was alles haben sie mir noch nie erzählt?

Als ich das Haus betrete, ist es drinnen dunkel und kühl. Der Vater sucht nach Essbarem, es ist Mittag, ich bin spät dran. »Immer bist du so spät«, mault er, »immer ist alles andere wichtiger.«

Während ich ihm einen Salat mache, spricht er von seinen Venen, wie sehr die Venen ihm zu schaffen machen, das Wetter, »die Hitze und ein alter Mann«. Mit dem Geruch des toten Pferdes in der Nase beginne ich zu erzählen, erzähle von dem finsteren Verschlag, vom Schatten und vom Schimmel, von den Kühlräumen, die alle Welt getrennt haben von dem Geruch, wie dieses Elend dort hinter dem Wirtshaus isoliert gewesen ist. Der Vater beäugt misstrauisch die kalten Tomaten vor ihm auf dem Teller.

Das Klingeln des Festnetztelefons schrillt bis zwischen die Teller auf der Anrichte hinein, gerade als er sagt: »Was schreit es denn nicht?« In meiner Ratlosigkeit lache ich, weil der Vater meint, dass ein Pferd schreien kann. Alle Welt soll schreien, wenn sie was braucht.

So wie er unseren Nachnamen in den Hörer schreit wie ein letztinstanzliches Urteil: »Noch!«

Dann Stille. Ich stehe von der Bank auf, gehe hinaus in den Flur, stelle mich neben ihn. Er nickt nur. Nichts als sein Nicken, sein schlaffer Hals, das Nicken noch einmal: Wie sie sich das vorstellen? Wie das gehen soll?

Erst als er aufgelegt hat, schüttelt er den Kopf, streicht sein Hemd glatt, greift nach dem Autoschlüssel mit dem Ledertäschchen als Anhänger. Sagt etwas vom Bruder und Legionellen, wir müssen ihn holen, er sagt *wir*, auf ein paar Tage zu uns nehmen, er sagt *uns*. Etwas mit Rohren, Bakterien im Wasser und Brechdurchfall, wer könne, müsse seine Angehörigen holen.

Der Vater sieht sehr alt aus, in seinen Augen die Angst vor allem, woran er nicht denken will: das Duschen, der nackte erwachsene Sohn. Wie er ihn aufs Klo setzen soll, wenn er nicht will, wenn ihn jemand hinführen muss, hinunterdrücken. Wovor dem Vater jetzt graut, ist das Dauernd-hinsehen-und-hinhören-Müssen, wenn man nicht hinsehen und hinhören will. Überhaupt, das Müssen, ohne zu wollen. Das Zurückstellen der eigenen Person. Auch der Ekel ist es, nicht nur der Ekel vor den Exkrementen, auch der Ekel vor der Widersinnigkeit: Etwas sagt ihm, dass es wider die Natur sei, einen erwachsenen Körper auf diese Weise versorgen zu müssen, so anzufassen. Überhaupt als Vater den Sohn, das geht ihm gegen den Strich. Ein Vater, findet er, soll seinen Sohn nicht anfassen müssen, schon gar nicht so. Alle Fürsorge soll ausgelagert sein, nur für ihn soll man sorgen, sollen Frauen sorgen, sollen Mutter oder ich sorgen, bis in alle Ewigkeit.

Im Vorhaus ist es stickig, alle Jalousien sind zugezogen. Zwischen mir und dem Vater ist kaum noch Luft. Trotzdem, oder vielleicht deswegen, spüre ich so deutlich wie nie, dass ich jetzt diesen Abstand zwischen uns schaffen muss, zwischen uns, aber auch zwischen mir und dieser Neuigkeit. Ich spüre, dass ausgerechnet jetzt der Moment ist, wo ich von der Baufirma erzählen muss, von dem Termin, den ich mit Beas Bekanntem habe, dass ich es kaum erwarten kann, meine Unterschrift unter diesen Ausbildungsvertrag zu setzen, weil es eine Unterschrift gegen die unausgesprochene Unterstellung meiner Pflicht ist, für ihn und für alle zu sorgen, weil es eine Unterschrift für das Bekenntnis zu einem Beruf ist, eines Zeitverbringens außerhalb dieser Pflichten.

Ich hole tief Luft. Irgendwo muss der Stift angesetzt, der Anfang gemacht werden, abgeschnitten von allem, was hier dicht und ineinander verschlungen meine Zeit frisst, gefressen hat, gefressen oder ausgehebelt, läuft es nicht aufs Gleiche hinaus? Wichtig ist: Ich atme ein und aus. Ich setze an. Ich schaffe den Abstand zwischen ihm und dem geplagten Schnaufen, mit dem er mir seine Ängste umhängen will, und mir, der Tochter mit einem Termin. Wenn ich jetzt keinen Punkt mache, wenn ich nicht sofort einen Punkt mache, gelingt es mir nie, diesen Abstand herzustellen.

»Heute Nachmittag bin ich nicht da«, sage ich und sage gleich alles andere auch, sogar die Adresse in der Gegend, wo ich ein Zimmer besichtigen werde.

»Ein Zimmer«, wiederholt der Vater ungläubig, »ein Ausbildungsgehalt und ein Zimmer.«

»Mama hilft mir vielleicht«, höre ich mich trotzig antworten, ihre Stimme im Kopf: *Wenn du Geld brauchst*. Diese neue starke Stimme, mit der sie jetzt spricht, als stünde sie auf anderen Beinen, sagt sie Dinge, die sie nie zuvor sagen konnte, die sie auf einmal getrost behaupten kann.

Mit dem Autoschlüssel in der Hand wendet der Vater sich

von mir ab und geht hinein in die Stube. Seine Arme, seine Schultern, sein Kopf, sein Hals. Alles hängt. So setzt er sich an den Küchentisch, legt den Autoschlüssel hin und trinkt den Rest der Salatmarinade vom Teller.

»Ach so ist das jetzt«, sagt er dann und sitzt für eine Weile da, nimmt den Autoschlüssel und hält das kleine schwarze Ledertäschchen mit dem Reißverschluss, an dem sein Schlüssel hängt, mit beiden Händen fest.

23 **Als ich am nächsten** Abend zurückkomme, sitzt der Vater demonstrativ hinter dem ungedeckten Tisch. Wir haben ihn um sein Essen gebracht. Der Bruder hat sich in die Ecke auf den Diwan gefläzt, die Knie angezogen, von dort schaut er zu uns her, wartet ab. Auch er wird Hunger haben. Ich unterdrücke den Impuls, sofort etwas zuzubereiten. Ich habe noch meine Schuhe an, die neuen, die ich mir bestellt habe, schwarze Sandalen, vorne geschlossen, fürs Vorstellungsgespräch. Der Vater hat sie gemustert wie Feinde. Auch mich mustert er jetzt, ohne zu fragen, ob ich die Stelle habe, ohne wissen zu wollen, wie es war.

Eine Weile sitze ich so zwischen Vater und Bruder, spüre den Vater, wie er mich von links anschaut, spüre den Bruder, wie sein Blick von rechts mich streift. Unser Schweigen ist laut, es rauscht in meinen Ohren. Meine Lunge brennt, als würde von beiden Seiten etwas an mir ziehen.

Draußen in der Werkstatt singt der Zwanzig-Uhr-Vogel, volle Stunde. Ich kenne ihn, aber sein Name will und will mir nicht einfallen. Hartnäckig denke ich: Erlkönig.

Dann wird es dem Vater zu bunt oder sein Hunger zu groß. Er kämpft sich hinter dem Tisch hervor und geht mühselig vor dem offenen Kühlschrank in die Knie. Wie hat er sich das eigentlich vorgestellt, damals bei der Familiengründung? Er macht eine Skizze, einen Grundriss vom Haus, der Werkstatt und dem Garten, das reicht. Fürs Fleisch und Blut, fürs Gebären, fürs Großziehen, die Sauberkeit und den Dreck, für die Exkremente, die Tränen und den Schweiß waren immer die Frauen zuständig. Er hat sich neben dem Haus eine Werkstatt geplant, in der er sich über Werkstücke beugen und bei seiner Arbeit ausruhen kann. Seine Arbeit ist es doch, bei der er sich immer hat ausruhen können. Nur den Rest des Lebens hat ihm bitte jemand vom Hals halten müssen. Eine Welt, in der der Rest des Lebens zur Arbeit wird, und die Arbeit selbst immer unwichtiger, ist nicht mehr die seine. Der Vater schaut verwirrt aus, ihm ist die Zeit zu schnell vergangen. Wann ist alles so kompliziert geworden? Gerade war da doch bloß seine Werkstatt: Sein Holz will nichts, sein Holz spricht nicht. Sein Holz wird auch noch bei ihm sein, wenn sonst niemand mehr kommt.

Er findet etwas Käse, ein Glas Essiggurken. Er findet Hollersirup in der Glasflasche und etwas Paprika. Er sucht Wurst, findet aber keine. Er greift in die Brotdose und betastet das Brot in der Papierverpackung. Es ist hart. Er schnauft tief, als er das Brett nimmt, um es in Scheiben zu schneiden. Der Bruder und ich wechseln einen Blick, der auch ein verschworener sein könnte.

Als wir essen, erkundigt der Vater sich nach der Ansteckungsmöglichkeit. Ob er krank werden könne, bei nahem Kontakt.

»Ja«, sage ich und sehe nicht von meinem Teller auf, »wenn du nicht aufpasst, kriegst du Tripper davon.« Niemand lacht, ich auch nicht. Dennoch fühlt es sich gut an. Wenigstens grinsen muss ich.

Später beziehe ich für David den Diwan mit einem Leintuch und richte ihm Bettsachen her, die Mutter noch gebügelt hat.

Er riecht. Als ich seine Tasche ausgepackt und seine Toilettenartikel in Vaters Badezimmer geräumt habe, sodass auch er sie leicht findet, gehe ich zum Diwan, nehme den Bruder an der Hand und führe ihn ins Bad. Ich lege ein Handtuch auf einen Stuhl, ziehe ihm Hose und Unterhose hinunter, setze ihn hin, ziehe ihm das T-Shirt aus und gehe in die Knie, um ihm die Socken auszuziehen. Ins Waschbecken lasse ich warmes Wasser ein, mit der Handseife des Vaters mache ich eine Lauge. Ich nehme einen der frischen Waschlappen und eines der gefalteten Handtücher, lege es dem Bruder um die Schultern. Dann tauche ich den Waschlappen ins warme Seifenwasser und reibe ihn aus, bevor ich beginne, David die Stirn abzuwischen. Nicht zu sanft und nicht zu fest, fahre ich ihm über die Wangen, die Nase und den Mund. Er lässt stumm alles geschehen. Ich wasche den Waschlappen aus, drücke das Wasser heraus und beginne, ihn hinter den Ohren zu waschen und am Hals. Ich tupfe ihm das Gesicht mit dem Handtuch ab und wasche ihn besonders gründlich unter den Achseln und am Rücken. Auch den Rücken wasche ich lange, immer wieder fahre ich mit dem warmen Lappen seinen Brustkorb hinab. Er beugt sich ein wenig vor. Ich trockne ihm den Rücken und wasche ihn zwischen den Beinen, zuerst vorne, dann trockne ich ihn ab und ziehe ihn hoch zu mir, um ihn von hinten zu waschen. Als er steht, wasche ich ihm auch gleich die Beine, dann setze ich ihn wieder hin. Ich wasche seine Hände, Finger und Nagelbette, wasche ihn zwischen den Fingern und um die Handknöchel, trockne alles gut ab. Dann wasche ich seine Füße, gründlich und lang. Er schließt die Augen. Er gibt einen Laut von sich, etwas Gurgelndes, Zwitscherndes. *Ankhörg.* Ich verstehe: Angehörige, da fällt es mir plötzlich ein. Eichelhäher, heißt er, natürlich Eichelhäher, nicht Erlkönig.

Während ich dem Bruder einen frischen Pyjama überziehe,

beginne ich, zu erzählen. Ich erzähle von Sizilien. Sage das Wort zwei- oder dreimal, *Si-zi-lien*. Dass es Mutter sehr gut geht, dass alles in Ordnung ist. Ich versuche, nur das zu sagen, was stimmt. Ich setze an bei Zeit und Ort. Ich sage, dass alles andere schwer zu sagen sei, weil schnell etwas nur halbwahr ist, man die Dinge so leicht verwechseln kann. Ich sage, dass uns immer alles nur so ungefähr erzählt worden sei, dass man vieles vielleicht auch falsch erinnert. Ich sage, dass manche Erinnerungen, genau wie die Vorstellungen, die wir uns vom Leben der anderen machen, dennoch nicht falsch sein müssen, auch wenn sie vielleicht nicht richtig sind. Ich weiß, dass der Bruder kein einziges Wort versteht. Trotzdem sage ich: Verwechslungen mit der Wirklichkeit sind allzeit möglich. Rom wird Sizilien, ein Eichelhäher der Erlkönig.

24

In der Gaststube haben die Männer die Hitze ausgesperrt. Die Vorhänge sind zugezogen, die Tür, die hinten hinaus zu den Kühlräumen führt, ist geschlossen. Als ich mit dem Bruder hineingehe, sieht alles ganz anders aus. Kaum noch etwas erinnert an das, was ich kenne.

Alles haben sie auf den Kopf gestellt. Der Schreiber und der Gruber haben die Ärmel aufgekrempelt, ihnen glänzt der Schweiß auf der Stirn. Gemeinsam mit Havel stehen sie um eine improvisierte Werkbank herum, diskutieren in knappen Sätzen ein Problem. Ihre Gesichter tragen den ernsten Ausdruck von Menschen, die Wichtiges verhandeln. Die Tische und Stühle sind beiseite gerückt, dahinter stapeln sich Bretter. Auf dem Fußboden hat jemand die Späne zu einem Haufen zusammengekehrt. Auf den Fensterbänken stehen halbvolle Getränke herum, in einem Aschenbecher qualmt eine abgelegte Zigarette vor sich hin. Hinters Haus will niemand gehen, nicht einmal zum Bretterschneiden.

»Servus«, sagen sie, als sie den Bruder und mich durch die Tür kommen sehen. Sie sagen das, als hätten sie ihn nicht seit zig Jahren nicht gesehen, als gälte er nicht als Versteckter, als Abgeschobener, als wüsste in dieser Stube nicht jeder dieser Männer über uns Bescheid.

»Servus«, sage ich ebenfalls und lasse Davids Hand nicht los. Es erstaunt mich, dass er sich von mir halten lässt. Ganz ruhig liegt seine klebrige Hand in meiner, als kämen wir alle Tage hier durch diese Tür.

Hinter der Bar wartet der Städter, und auch er steht dort, als stünde er immer schon so, als sei er über Nacht in dieses Haus hineingewachsen oder das Haus um ihn herum. Etwas bewegt sich in seinem Gesicht, als er uns betrachtet. In seiner Hand hat er ein Putztuch, das er zur Seite legt, während wir auf ihn zukommen.

»Das ist Oskar«, sage ich leise zum Bruder und ziehe ihn weiter, an den Männern vorbei und hinter die Bar, wo der Potutznik unter der Spüle liegt und an etwas herumschraubt.

»Und das ist Aurel Potutznik, den kennst du noch von früher«, sage ich zum Bruder und zum Potutznik: »Du hast auch nie mehr frei.«

»Und das stört mich auch überhaupt nicht«, ruft der Potutznik von unten zu mir herauf. Er rutscht hervor, damit er uns sehen kann, auch David begrüßt er. Der scheint sich zu entspannen, obwohl alle ihn immer wieder anschauen, als erwarteten sie etwas, das dann doch nicht eintritt. Aber langsam werden die Blicke weniger, und der Bruder kann fortfahren, sich unsichtbar zu machen, während der Schreiber und der Gruber die Bretter in dem Winkel absägen, den Havel mit den Handkanten vorgezeigt hat.

Ich weiß, dass der Städter sich freut, meinen Bruder zu sehen. Ich weiß auch, dass seine Freude nicht uneigennützig ist. Er begreift schnell und hofft nun, die Anwesenheit des Bruders ändert etwas.

»Hinten hinaus müssen wir die Baracke abreißen«, sagt er schließlich, um Beiläufigkeit bemüht. »Der Schreiber hat noch die Bretter gehabt. Schenkt sie mir, stell dir vor.«

»Der wird auch froh sein, dass endlich klar ist, woher der Gestank gekommen ist.«

David hat sich in Marias Hundesack gefläzt. Die Männer haben sich angestrengt, nicht zu schauen.

Sie, die vor Tagen noch hier gesessen sind und getrunken haben, sehen heute anders aus. Als befänden sie sich auf einmal wieder in ihrem natürlichen Modus, weil es einen Auftrag gibt. In ihren Gesichtern ist der Segen der Arbeit zu sehen, der Dank der Ablenkung, damit es um nichts sonst gehen muss.

»Sie helfen mir.« Der Städter tritt von hinten an mich heran.

»Das sehe ich«, sage ich und drehe mich nicht um.

Wir stehen nah beieinander und schauen den Männern zu.

»Du wirst ihre Hilfe brauchen«, sage ich, »und das wissen sie.«

»Das macht mir nichts aus«, sagt er.

»Wie so einiges«, sage ich.

»Sagst du«, sagt er.

Wir schweigen eine Weile. Dabei möchte ich es ihm ja sagen. Ich möchte ihm erzählen, dass der Termin gut war, dass ich mir ein Zimmer nehme, vierzehn Quadratmeter, könnte ich sagen, und wir könnten lachen. Etwas von den Wochenenden könnte ich sagen, etwas von der Nichtigkeit einer solchen Stunde Autofahrt. Etwas von den anderen, die viel weiter zueinander führen. Aber alles kommt mir so falsch vor, so vorauseilend. Wenn ich das alles jetzt sage, wird es doch niemals wahr. Und was sonst soll ich sagen? Dass ich im Ausbildungsvertrag begünstigt bin? Dass das Arbeitsamt dazuzahlt, weil ich älter bin? Dass das Zimmer so billig ist, weil gerade jemand hinausgestorben ist? Nichts davon passt im Augenblick, in diese dreißig Zentimeter zwischen ihm und mir.

»Elise ist ganz befriedet. Das Pferd war der Grund«, sagt er.

»Daran hatte ich keine Zweifel«, sage ich.

»Nach der Arbeit«, sagt er.

»Ist was?«, sage ich.

»*Nach der Arbeit*, so heißt das Wirtshaus dann, wenn wir wieder aufsperren. Wie findest du es?«

Er sagt *wir*. Vermengt sich mit allem. Taucht kopfüber ein. Die Männer und er. Der Potutznik und er. Alle Welt lässt er in sich hinein, und alles von sich gibt er her. Kommt hierher und ist schon jeder Baum und jeder Tropfen See. Immer will er mit allem ein *Wir* sein, während ich einfach nur ich werden mag.

»*Nach der Arbeit*«, sage ich, drehe die Worte im Mund hin und her, »das klingt nach Feierabend. Den ihr ja alle nicht mehr habt.«

»Wenn wir das Haus renovieren, haben wir jeden Tag Arbeit und jeden Tag Feierabend. Wir haben Arbeit bis ans Ende unserer Tage.«

»Die euch niemand bezahlt. Wovon lebst du dann?« Ich drehe mich jetzt doch zu ihm um.

»Sind das die Fragen, mit denen man Träume beginnt?«

»Das sind die Fragen, mit denen Träume für gewöhnlich enden«, sage ich und lasse mir die Zweifel am soeben Gesagten nicht anmerken. Warum sage ich ständig Dinge, die ich mir selbst nicht glaube? Warum bin ich so überzeugt davon, dass das Ansetzen an einem Punkt, die Härte eines Bleistifts, die Abwesenheit von Fleisch und Blut, die Entfernung zu allen, die mir angehören, das Richtige für mich ist? Ist das nach vielen Jahren

Krankenhaus einfach normal? Ist es zu menschlich gewesen, zu nah an meinesgleichen? Habe ich zu viel von den Menschen gesehen, mehr als ein Mensch sehen soll? Elise. Ich sehne mich nach Elise. Ich sehne mich sogar nach ihrem Geschrei.

»Was du nicht alles weißt«, sagt der Städter, und ich schaue ihn mit Absicht nicht an. Dann fängt er sich. Atmet.

»Dieses Haus ist alt«, sagt er dann, »es muss von Grund auf renoviert werden. Diese Männer brauchen Arbeit, ich brauche Arbeit. Sie helfen mir. Sie haben Fähigkeiten, ich habe Geld. Nicht viel, aber ein bisschen was doch. Sie sind froh, dass jemand sie braucht. Vielleicht bekommen wir das als Projekt hin, vielleicht treibe ich irgendwo sogar Förderungen auf.«

»Und wenn nicht?«

»Vielleicht quartieren wir Gäste ein.«

»Die Gäste schlafen im Hotel.«

»Manche Menschen wollen auch was anderes. Manche streicheln lieber Ziegen. Wir könnten ein Pferd halten.«

»Lieber nicht.«

»Aber schau dir doch diese Männer an! Gestern haben sie noch gesoffen, heute packen sie mit an.«

»Morgen saufen sie wieder«, sage ich.

So geht es eine Weile hin und her. Ich sage etwas von *seinem* Haus und *seinem* Traum. Ich sage etwas von *seinem* Wir und dass ich nicht, wie meine Mutter, als Beiwagen des Lebens eines Mannes enden will, wobei mir auffällt, dass mir gar nicht klar ist, ob ich damit den Vater oder den Sizilianer meine, und dass es vielleicht einfach auch keinen Unterschied macht, oder bereits in ein paar Jahren gar keinen Unterschied mehr machen wird. Er sagt: »Wir sind doch nicht die.«

»Ich habe Eltern«, sage ich. Ich sage nicht: Du auch. Lasse außen vor, dass genau genommen auch er eine Familie hat, genau genommen es auch dort einiges gäbe, worum er sich kümmern könnte, was er aber nicht tut, weil er eine Schwester hat, die das tut.

»Vergiss die Eltern«, sagt er.

»Vergiss alles, ja, genau«, sage ich, jetzt laut. »Vergiss deinen Beruf. Vergiss, was du gewesen bist oder sein wollen wirst. Vergiss den Vater, vergiss den Bruder! Aber das kann ich nicht, wenn ich hier bin. Solange ich hier bin, muss ich für sie da sein.« Ich verstehe nicht, was daran so schwer zu verstehen ist, meine Stimme klingt schrill. Ich räuspere mich. Schaue zum Bruder hinüber, schaue, ob er Anstalten macht, nervös zu werden. Aber er liegt seelenruhig im Hundesack, die Lippen wie zu einem Pfeifen geformt.

25

Und dann doch wieder die Möglichkeit des *Bleibens*. Immer wieder, bei jedem dritten Atemzug, zumindest die Möglichkeit in Betracht ziehen: den Vater zu ertragen. Die Pflicht zu erfüllen oder die Frage, ob es sie gibt, als müßig beiseitestellen. Es gibt sie, und es gibt sie nicht, wie ich nicht einatmen kann, ohne auszuatmen. Wie ich Krankenschwester bin und es nicht bin, wie ich den Bruder heimholen mag und zugleich nicht. Wie ich den Vater ignorieren und mich um ihn kümmern muss. Wie ich hier bin und bereits weit weg. Wie ich alles vermesse, um es zu vergessen. Wie das Herz schlägt, obwohl die Lunge pfeift.

Häusliche Pflege. Der Bruder, wo er hingehört. Gehöre ich hier nicht eigentlich hin? Ist es nicht das, wofür mein Herz schlägt? Ich wäre doch nicht Beiwagen des Städters, hätte meine Aufgaben. Bis es mir zu viel würde und ich davonliefe, wie Mutter zum Sizilianer. Zu Männern wieder. Die neue, die nächste

Freiheit, immer das nächste unfähige Eingelulltsein, als Freiheit nur getarnt.

Die Dummheit. Immer die Dummheit, vor Schönheit. Sizilien! Auf den Nächsten hineinfallen. Ins Nächste hineinfallen. Wäre es nicht auch schön, einfach mal wo hineinzufallen? Auf den Städter einfach hineinzufallen? Umsonst heißt es nicht fallen. Es ist haltlos, hat ein Ende. So könnte ich fallen. Aber sollte nicht wenigstens eine von uns alles richtig machen? Nur welche wäre es, Mutter oder ich, welche könnte es noch sein, und zu welchem Preis?

Das Gezerre. Der Städter weigert sich zu verstehen: Er hat sich an meinen Ort gebunden und macht es mir damit unmöglich, mich an ihn zu binden. »Vergiss den Ort!«, sagt er. Kein einziges Mal zieht er in Erwägung, ihn selbst zu vergessen. Bis ich das vorschlage, ansetze, ausspreche, dass er ja auch mit mir gehen könnte. Dann sein Gesicht, erstaunt von dieser Möglichkeit, irritiert, dass sie mir in den Sinn kommt. Ein bisschen zu schnell steht die Antwort im Raum: Um fortzugehen, hat er viel zu viel Glück gehabt.

Und immer dieses Ehrlichsein mit sich. Ehrlich: Was sagt mir schon ein Loftbüro? Wie sehr verunsichern mich die guten Schuhe dieser Menschen, die teuren Brillen? Ihre Gesichter sind freundlich, ihr Lachen wirkt aufrichtig, aber uralte Stimmen in mir rufen, mein Haar ist zu lang, mein Arsch ist zu fett, ich bin auch nicht mehr dreißig, und das alles als Fehler anzusehen, ist natürlich erst recht der Fehler: Diese Menschen sind woke und mit jedem ihrer fünfzig Kilo voller Body Positivity. Ich werde ewig der übergroße Fremdkörper bleiben, die Umgeschulte sein, die eigentlich von woanders kommt. Von Weitem wird man das erkennen. Autochthone Zeichnerinnen tragen andere Haare, Brillen, Ärsche, Hinterköpfe. Na und? Trotzdem. Werde ich jemals ihre Sprache sprechen, oder sie meine?

Und immer diese Fragen: Ist das mein Ernst? Vierzehn Quadratmeter »mit Fenster zum Baum«. Die Kinder des Hinausgestorbenen bemühen sich, so zu tun, als fänden sie das normal. Sie sind auch nicht aus der Stadt. Trotz ihrer höflichen Gesichter merke ich ihnen an, dass die Tatsache, dass jemand für so ein Zimmer Geld bezahlt, außerhalb ihrer Vorstellungskraft liegt.

Und dann wieder der Mut: Es ist ein Kirschbaum, immerhin, auf den der Mann von seinem Pflegebett geschaut hat. Und dann die Wahrscheinlichkeit, dass er auch auf den Kirschbaum geschaut hat, als er gestorben ist. Auszuräumen wäre alles selbst, wobei ausräumen ein kleines Wort ist für die große Aufgabe, die der eingeklebte Teppichboden in Grüngrau, die faltbare Plastikküche im Eck und das abgedeckte Sichtfenster über dem »Bad« einem auferlegen. Den Kindern des Verstorbenen tut es leid wegen des Bettes, aber Möglichkeit, es selbst zu entsorgen, haben sie leider keine.

Dann wieder die Nächte, der Schlaf, die Haut. Mit jedem Grad Abkühlung, mit jedem Tag, den der Spätsommer vorrückt und der Herbst in der Luft liegt, fühlen wir, wie unsere Zeit zu Ende geht. Umso wichtiger wird das Jetzt. Wir unter dem Laken. Was bei Tageslicht klar war, wirkt plötzlich verrückt. Mit dem Gefühl, niemals von hier weggehen zu können, schlafe ich ein, mit dem Gefühl, dass das nun wirklich der letzte Tag ist, wache ich auf. Das Schweigen des Städters, seine Sätze, dicht an meinem Ohr. Manchmal sind sie an mich gerichtet, dann wieder sind es Träume, nächtliche Selbstgespräche. Versuche, die Verhältnisse zu ordnen. Warum hat er die Dinge so gemacht? Warum hat er welche Entscheidungen getroffen? Waren das überhaupt Entscheidungen, oder ist er einfach, wie so oft, von einem ins Nächste gerutscht? Damals, seine Studienwahl. Die Jahre mit Corinna. Das Warten in der Wohnung. Immer das Bleiben. Das Bleiben in der Stadt. Das Herumsitzen im Eichamt.

Die Tage, die Monate, die Jahre. Als sei alles ein einziges Warten gewesen, ein Warten auf den einen Herzschlag, der den Takt ändert, das Stolpern anzeigt, die Veränderung bewirkt.

Wie winzig so ein abgestorbenes Areal ist und wie groß die Veränderung in der Wahrnehmung der Lebenszeit, zumindest für einzelne Momente der Klarsicht. Als er aufstand und durch das Abteil wankte, um Kaffee für Corinna und sich zu holen, sah sie kurz auf, hat er erzählt. Sie arbeitete. Nickte. Lächelte. Als die Abteiltür hinter ihm ins Schloss fiel, spürte er schon den Schmerz. Spürte sofort, dass etwas nicht stimmte, aber auch, dass etwas in Gang kam. Kurz vor dem Bahnhof, wo er sogleich von der Rettung geholt worden, wo er sofort versorgt worden ist. Ein Glück, wie so vieles daraufhin, einfach ein Glück, oder doch nur der laufende Motor einer einmal in Gang gesetzten richtigen Bewegung, wie er meint. Die für Euphorie sorgt, endlich geschieht etwas, nicht der Infarkt, sondern das Anhalten danach. Der Zug hielt an, länger als geplant, und auch er, Oskar Marin, hat angehalten. Zuerst die Begeisterung über das Anhalten, dann die Euphorie über das Überleben, die erst mit der Zeit, mit den Wochen und Monaten, die nach einem solchen Vorfall vergehen, in jene Traurigkeit umschlägt, die ein solches Ereignis eben auch hinterlässt: das Gefühl, einen zielsicheren Schritt auf sie zu gemacht zu haben, die andere Seite.

Er spricht jetzt oft von seiner Kindheit, wo er zuletzt die Echtheit der Dinge so wahrgenommen hat wie jetzt. Das Gras unter den Füßen, die Abende im Sommer. Vom Rennen durch das abgemähte Maisfeld, vom Heimrennen zum Essen, vom Weinen und Schreien vor Entrüstung über ein Verbot, vor Aufregung über den Zirkus, die Zuckerwatte, das Pflaster, das Davongekommen-Sein. Diese ungerichtete Aufregung über das, was alles noch kommen soll.

Dass es unter keinen Umständen Zufall sein könne, dass er

hier auf eine Werkstatt stieß, die zugleich Wohnzimmer ist. Dass er Zeit hat, und was mit dieser passiert. Dass nun eingetreten ist, worauf er immer gewartet hat, ohne gewusst zu haben, dass er wartet. Was alles nicht echt ist: die Zeit und das Geld. Was echt ist: die Pappel hinter dem Fenster. Der Regenschirm der Nichte. Das Auflachen des Schreibers. Was in der Gaststube geschieht, und mit ihm, in dieser Werkstatt, in diesem Wohnzimmer. Diese Idee von Arbeit als Kooperation. Dieses Etwas-von-sich-aus-Tun, für sich. Dieses Etwas-miteinander-Tun, miteinander etwas zu tun zu haben. Und mit der Umwelt, die einen umgibt, und mit dem Gras, auf dem man läuft, und mit dem Wasser, in dem man schwimmt. An das glauben, was man vor sich hat. An etwas glauben, das es vielleicht nie gibt. Dieses Haar, das er daraufhin mit dem Zeigefinger aus meiner Stirn streicht. »Von diesen Dingen leben wir doch«, sagt er.

»Das kann nur sagen, wer sonst alles hat«, sage ich.

»Sagen kann jeder alles«, sagt er.

Das ist doch gar nicht wahr, denke ich.

Ich kann dem Städter nicht sagen, dass er und ich Unterschiedliches meinen, wenn wir sagen: die Zeit. Für ihn läuft sie, gegen mich arbeitet sie. Wenn wir sagen: das Halbwahre. Ihn kümmert es nicht, mir verschlägt es die Sprache.

Wenn wir von der Natur sprechen: Er wird Teil von ihr, mich lullt sie ein, lenkt sie ab. Die Erosionen, der Rost: In seinem Spiegelbild löscht er Ungewolltes, in meines frisst er sich hinein. Das *Bleiben*. Ihm ist es Antwort, mir bleibt es ewige Frage.

26 **Als das Telefon klingelt,** schaut der Bruder mich an, als wüsste er schon alles. Vor diesen weltlichen Dingen erschrickt er nicht, es sind die inneren Gespenster, die ihn schaudern lassen.

Wir sitzen noch beim Frühstück, kauen an dem grauen Brot, als ich aufstehe und zum Hörer gehe.

Sollte es mich nicht erleichtern, dass er wieder hinkann? Ich bin selber überrascht, wie sehr es mich enttäuscht. Natürlich kann er wieder hin. Was habe ich erwartet, dass sie zusperren, die Anstalt auflassen, alle rausschmeißen? Dass jemand mich zwingt.

»Du kannst wieder hin«, sage ich bewusst tonlos, als ich zurück in die Stube komme. Er ist sitzengeblieben und hat sich nicht gerührt. Er sagt: »*Kriechahlm*«, es klingt wie etwas zwischen Kriechen und Trinkhalm. Sein Haar steht unfrisiert ab. Ich werde ihn noch waschen und kämmen, bevor ich seine Sachen packe.

Als er sich auf der Bank umdreht und durch den Store hinaus in den Garten schaut, sehe ich uns abhauen. Ich sehe mich ihn an der Hand nehmen und hinauslaufen, sehe, wie er mitläuft, so rennen wir, rennen, bis wir nicht mehr können, rennen einfach davon. Ich nehme ihn mit in die Stadt, in das Zimmer dieses Toten, und keiner von uns beiden wäre allein. Ginge ich hinaus, liefe er nicht weg.

Aber sowas gilt ja nicht als Leben. Vielmehr gilt eine Anstalt, wo er ordnungsgemäß untergebracht ist und Sonnen anschaut, die er gar nicht gemalt hat. »Ich sage es Vater«, sage ich und lasse ihn hier sitzen. Ich weiß, dass er nicht wegläuft. Er wird noch hier sitzen, wenn ich wiederkomme. An dem grauen Brot wird er nicht kauen, ohne dass ich ihn daran erinnere. Er wird zum Fenster hinausschauen, sehen, wie ich auf die halbgeöffnete Tür der Werkstatt zugehe, zum Vater hinein.

In der Werkstatt brennt wie immer das Licht. Im Radio läuft der Regionalsender. Um neun wird der Zaunkönig singen.

Als ich den Vater nicht vorfinde, von der Werkstatt zurück in den Garten gehe, höre ich schon von Weitem das Rufen des Hochleitner. Etwas an seiner Stimme ist schrill. Meine Schritte werden schneller. Im Vorbeilaufen am Küchenfenster versuche ich, zu David hineinzuschauen, doch die Scheibe spiegelt, sodass ich nicht sagen kann, ob er noch dort sitzt oder aufgesprungen ist, alarmiert von den Schreien des Hochleitner. Aber nein, denke ich, um mich zu beruhigen, er wird sitzengeblieben sein. Das Schreien des Hochleitner ist etwas Weltliches, das die Ängste des Bruders nicht streifen wird. Bestimmt sitzt er noch dort und wartet einfach, bis ich komme. Wie immer wird es ein Warten sein, ohne zu warten, wie immer wird er dort sitzen, weil er nichts anderes tut.

Als ich um das Haus herumgelaufen bin, hetzt der Hochleitner auf mich zu. Unter den Armen hat er Schweißflecke, im Gesicht glüht er. Als er bei mir ankommt, stützt er die Hände auf die Beine und schnauft etwas vom Vater im Holz und von der Rettung.

Wie ferngesteuert ziehe ich das Handy, das ich wieder bei mir trage, seit es den Städter gibt, aus der Hosentasche, und während ich versuche, dem Hochleitner zuzuhören, drücke ich die Eins lang. Aus einem verjährten Pflichtbewusstsein heraus habe ich die Notrufnummern in den Kurzwahlen gespeichert, und tatsächlich erinnere ich mich jetzt daran. Ich bin ganz ruhig.

Erst, als die Stimme der Frau am anderen Ende der Leitung mit ihren Fragen beginnt, die ich, eine nach der anderen, laut für den Hochleitner wiederhole, beginne ich, nervös zu werden.

Der Hochleitner stammelt etwas von Axt, ich wiederhole etwas von der Axt. Vielleicht aber, denke ich, nun doch panisch, vielleicht ist die Axt sogar das kleinere Übel, ziemlich sicher ist die Axt im Vergleich zur Motorsäge das kleinere Übel. Ich rufe all mein Wissen über Pfählungsverletzungen auf, das nicht viel weiter reicht als: steckenlassen, was einmal steckt, bloß immer alles steckenlassen. Die Frau fragt, ob etwas steckt. Ich wiederhole die Frage für den Hochleitner, der Hochleitner verneint. Die Axt sei heraußen, sagt er blass.

Die Frau hat einen Hubschrauber geschickt. Der Hochleitner soll auf die nächste Freifläche laufen, ich zum Verletzten. Ob es da, wo wir uns befinden, einen Verbandskasten gibt. Ich sage zu der Frau, dass da, wo ich mich befinde, sicher nirgends ein Verbandskasten sei. Während ich laufe, rufe ich alle Kenntnisse zur Erstversorgung auf, die mir erinnerlich sind, und sage, dass ich ein Shirt trage, mit dem ich einen Druckverband machen, zur Not auch abbinden könne. »Ich bin Krankenschwester«, sage ich, weil ich weiß, dass sie bei dem Wort Abbinden in Unwohlsein verfällt. »Was für ein Glück«, sagt die Frau.

Bevor wir uns trennen, ruft mir der Hochleitner zu, wohin ich laufen soll, und ich laufe in den Wald hinein, laufe am Hochsitz vorbei, atme ohne Schwierigkeit, spreche sogar weiter mit der Frau, weil sie es verlangt. Alle paar Meter will sie etwas hören, die Verbindung soll, wie sie sagt, auf keinen Fall abreißen, bevor ich beim Verletzten bin. Oben am Hochsitz komme ich zum höchsten Punkt, danach geht es zwischen den Fichten in den Wald hinab. Ich sehe den Vater von Weitem, wie er mitten auf der Lichtung liegt. Ich sage zu der Frau, dass ich ihn sehe. Ich laufe zu ihm hin, von hier sieht er seltsam friedlich aus, wie er so auf dem Rücken liegt, in einem spätsommerlichen Sonnenfleck, beide Hände auf dem Oberschenkel des Beins mit der Wunde, ein paar Meter weiter die Axt, die er im Schmerz noch davongeschleudert hat. So schaut er durch die Baumkronen hinauf, scheint mich gar nicht zu bemerken, wie ich den Hang hinunterstürze. Als ich näher komme, sehe ich, dass das Blut aus dem Schlitz in seinem Unterschenkel kleine Seen in der dunkelgrünen Arbeitshose bildet. Ich komme nah an ihn, beuge mich über ihn. Als er mir in die Augen sieht, verändert sich sein Ausdruck. Mir läuft es kalt über den Rücken. Da ist Genugtuung in seinem Blick.

Ich stammle die Vitalzeichen durch. Die Frau sagt, dass ohne Druckverband und Tourniquet die Frage sei, ob wir provisorisch abbinden. Ich sage, dass ich noch zuwarten würde, weil der Vater nicht schwach wirkt, wenngleich er blass ist und ihm Schweiß im Gesicht steht. Ich weiß, dass nun jede Sekunde womöglich eine zu viel gewartet ist. Ich weiß aber auch, dass er durch klinisches Stoppen der Blutung das Bein verlieren kann. Der Vater ist alt. Er raucht zwanzig, wenn nicht dreißig Zigaretten am Tag. Wenn ich abbinde, muss ich so fest zuziehen, dass die Blutung stoppt. Ich ziehe das Shirt aus, falte es zum Dreieck und binde den provisorischen Druckverband. Das ist alles, was ich tun kann, denke ich im selben Augenblick, als die Frau das sagt.

Dann geht es schnell. Die Rettungsleute, eine Frau, ein Mann, ein weiterer hinterher, kommen mit einer Trage gelaufen, draußen am Feld knattert der Hubschrauber. Sofort hat der Vater einen Zugang im Arm, die Frau beugt sich über ihn und stellt Fragen, um ihn sprechen und reagieren zu sehen, die Männer legen einen Druckverband an. »Ich hab mich mit der Axt verletzt«, antwortet der Vater.

Zu dritt stabilisieren sie ihn und hieven ihn auf die Trage. Er schreit. Ich halte mir die Hände auf den Mund. Sie decken den Vater, bis auf das Bein, mit einer Aludecke zu. Über dem Körper des Vaters hält einer den Infusionsbeutel, als sie mit ihm davonlaufen. Irgendwann wird das Knattern des Hubschraubers lauter, bis sie davonfliegen, sodass sich die Baumwipfel biegen. Der Hochleitner kommt zu mir gelaufen, schaut mich an, wie ich nur in BH und Jogginghose an der Unfallstelle stehe, links von mir am Boden die Axt, rechts von mir das blutige Shirt. Ich zögere, dann hebe ich es auf, schüttle es aus und ziehe es an. Wortlos schaut der Hochleitner mich an. Die Baumwipfel stehen wieder still.

Als ich aufs Haus zugehe, sehe ich, dass unsere Haustür offen steht. Obwohl ich weiß, dass nicht ich es war, die sie offen gelassen hat, laufe ich ins Haus und suche David. In der leeren Stube drehe ich das Wasser auf und trinke große Schlucke aus dem Hahn. Ich reiße die Tür zum Schlafzimmer auf, schaue sogar in den Schrank und unter das Bett, laufe hinauf in meine Wohnung, schaue in jedes Zimmer, sogar in die Toilette und ins Bad, laufe auf den Balkon und einmal um die Ecke, nichts.

Oben werfe ich das Shirt in die Ecke und reiße ein gebrauchtes vom Sessel, das ich überstreife, während ich die Treppe hinunterlaufe. Nur in Vaters Schlapfen laufe ich aus dem Haus und hinauf Richtung Kreuzung. Ich laufe am Kindergarten und der Schule vorbei in den Markt. Ich laufe und laufe, mir ist heiß, und ich bin schnell, ich habe Durst und bin erschöpft, doch ich habe keinen Atemkrampf und ringe nicht nach Luft.

Ich laufe vorbei am Seehotel, vorbei am Marktbrunnen, vorbei am Haus des Schreibers und am Antiquariat, hinein bei der Wirtshaustür. Da sitzt David, gemeinsam mit dem Städter auf einer der Bänke, nicht in der Hundeecke, nicht auf der Fensterbank, sondern ganz zivil auf der Bank um die Ecke eines dieser letzten Tische, die noch stehen. Der Städter und er legen abwechselnd einen Bierdeckel auf ein ziemlich hohes Kartenhaus. Als sie mich sehen, schaut David ruhig und zufrieden drein. Ich muss die Tür aufgerissen haben. An meinem Unterarm ist noch Blut.

David ist allein hergekommen. Erst, als ich sehe, dass sein Gesicht dauerhaft so zufrieden bleibt, erst, als ich hinter der Bar stehe und das große Glas Wasser, das der Städter mir gereicht hat, in einem Zug leertrinke, als er mir die Hand zwischen die Schulterblätter legt und immer wieder fragt, was los ist, erst da kann ich wiederholen, was der Vater dort oben gesagt hat: »Er hat sich mit der Axt verletzt.«

27

Als ich die zehn Minuten mit dem Rundbus hinunterfahre und den Vater im Unfallkrankenhaus besuche, setze ich mich auf den Besucherstuhl und betrachte lange sein schlafendes Gesicht, seinen zusammengefalteten Hals, die Schultern und Arme im Krankenhaushemd. Noch haben sie ihn in künstlichen Tiefschlaf versetzt, noch liegt er ausdruckslos und still da.

Irgendwann, wahrscheinlich sogar schon in wenigen Tagen, wird jemand vom Krankenhauspersonal auf mich zukommen und die weiteren Schritte besprechen wollen. Eine Person vom Case-Management wird fragen, ob er allein ist, wird versuchen, abzuschätzen, wie oft und in welchem Ausmaß er jemanden braucht. Eine andere Person wird mir erklären, dass es ein Glück sei, dass er das Bein behalten hat.

Trotzdem wird er lange auf einen Rollstuhl angewiesen sein, nicht allein aufs Klo gehen können, sich nicht allein waschen. Er wird einen Duschstuhl brauchen, einen Haltegriff neben der Toilette und im Bad. Er wird jemanden brauchen, der ihm die Verbände wechselt, der ihm seine Medikamente einsortiert, der kontrolliert, dass er sie auch nimmt. Jemanden, der ihn mit dem Rollstuhl hinaus zu seinem Aschenbecher schiebt, hinaus zu seiner Werkstatt, hinein durch die halbgeöffnete Tür. Er wird eine Rampe brauchen, um mit dem Rollstuhl in die Werkstatt zu gelangen, denn an seinen Gewohnheiten, Tätigkeiten und Wegen in und um das Haus wird er nichts ändern.

Diese Wunde wird der Vater nicht annehmen als finale Erfüllung seiner hypochondrischen Wunschträume. Er wird weiterträumen und uns maximal provozieren, indem er so tut, als wäre nichts anders. Wenn niemand da ist, wird er allein hinausfahren, um zu arbeiten. Am Anfang wird ihm die Kraft fehlen, den Rollstuhl über die Unebenheiten des Gartens zu lenken, trotzdem wird er seine Zigarette dazu nicht weglegen. Er wird auf den eingelassenen Steinen stürzen und so lange fluchen und schreien, bis ihn jemand hört. Das alles wird er in Kauf nehmen, weil er weiterarbeiten und in die Werkstatt wollen wird, Stunde für Stunde, Tag für Tag. Stur wird er so tun, als änderte sich nichts. Und es würde sich auch nichts ändern. Für ihn. Das Einzige, das sich änderte, würde mein Leben sein, indem es sich eben nicht änderte, indem ich bliebe und meine Pflicht täte, die ich bereits jetzt seinen geschlossenen Augen ablesen kann. Des Vaters Interpretation von Fürsorge: Ich habe mein Leben lang für euch gearbeitet, jetzt arbeitet ihr für mich.

Lange sitze ich hier und schaue den Vater an. Es ist schwer, nicht wütend zu sein, aber, was ich nicht erwartet hätte, auch schwer, es zu sein. »Ich hab mich mit der Axt verletzt«, hat er gesagt, ganz entgegen seines gewöhnlichen Sprachgebrauchs. Er hat nicht gesagt: »Die Axt ist mir ausgekommen.« Nicht: »Mit der Axt bin ich abgerutscht.« Er hat gesagt: »Ich hab mich mit der Axt verletzt.« Er hat es zur Notärztin gesagt, aber ich habe gehört, dass dieser Satz für mich bestimmt war.

Abgesehen davon, dass es niemand je beweisen können wird: Was ist schon Absicht, wenn einer auf so eine Weise fleht? Und Absicht oder nicht: Gewonnen hat er sowieso, denn jetzt hat er mich da, wo er mich haben wollte: hier.

So stellt sich der Vater das vor. Wenn ihm die Felle davonschwimmen, spaltet er sich das Bein.

»Ich bin hier«, sage ich laut, aber er regt sich nicht. Ich stehe vom Stuhl auf und komme ihm ganz nah, so nah, dass ich auf einmal zu fürchten beginne, er könnte die Augen öffnen. Schnell stehe ich auf und gehe aus dem Zimmer, schließe leise die Tür.

Als ich nach dem Krankenhausbesuch am späten Nachmittag auf dem Schlossparkplatz aus dem Bus steige, gehe ich nicht zurück in das leere Haus des Vaters. Den Bruder haben sie früh am Morgen abgeholt. In dem Bus saßen drei andere, die sie ebenfalls abgeholt haben. Der Bruder ist anstandslos eingestiegen. Er hat ein ausdrucksloses Gesicht gemacht, mich mit seinem gewaschenen, duftenden Haar zu Tränen gerührt.

Als ich Mutter anrufe, stehe ich im Garten vom Potutznik, der Städter hat mir Rotwein eingeschenkt und sich in die Kammer zurückgezogen, wo er hinter dem Fenster am Bett sitzt und mir zwischen die Schultern schaut.

Ihr Schweigen am Ende der Leitung fühlt sich angenehm an wie lange nichts. Sie hört mir einfach zu, lässt mich reden, alles vor sie hinschütten. Sie hält es aus, nichts zu sagen, und gibt mir trotzdem das Gefühl, dass alles irgendwie gut wird, so als hätte sie in der Ferne etwas gelernt, was ihr bisher gefehlt hat. Viel zu oft hat sie sofort zugepackt. Ich kenne ihre Tatkraft, kenne ihre Arme, wie sie heben, ihre Hände, wie sie zurechtzupfen, ihre Finger, wie sie fortstreichen, aber ich kenne auch ihr Gesicht, wie es dazu ausdruckslos schweigt. Ihr gemachtes Haar, das auf ihrem Kopf thront wie zum Beweis: Für diesen Rosenstrauch ist sie eigentlich gar nicht gemacht, sie dekoriert sich lediglich selbst in diese Kulisse dazu. Obwohl sie immer alles getan hat: Das Gefühl, dass alles gut werden wird, gab sie uns nie. Eher hatten wir immer den Eindruck: *Noch* täte sie alles für uns, hielte sie durch, rapple sich auf.

Auf einmal glänzt sie durch Unterlassung und gibt mir so das Gefühl: Alles wird gut. Getragen wird das von einer Entschlossenheit, die neu ist. »Er wird jemanden brauchen«, sagt sie dann ruhig, als ich Luft hole, meine Ausführungen erschöpft sind. »So ist es«, stimme ich ihr zu.

Er wird jemanden brauchen.

Als ich aufgelegt habe, gehe ich zum Haus, nehme mein Glas vom Tisch und stehe für eine Weile reglos unter der Pappel, schaue auf den See. Es ist Abend, die Strickjacke schon nötig. Gegen Ende unseres Telefonats hat sie geredet. Ihre Stimme war stark und klar, als sie mir ihren Vorschlag unterbreitet hat. Ihre Worte hallen noch in mir nach. Dann muss ich lachen. Was hat sie da eben gesagt?

Die Blätter der Pappel haben sich goldgelb gefärbt.

»Das ist so schön«, sagt der Städter, als er neben mir steht und sieht, wie ich hinaufschaue. »Wusstest du, dass die zwei Arten von Blättern haben? Die großen, breiten mit den langen Stielen, sie bieten die Angriffsfläche für den Wind. Das sind die zittrigen. Und dann die kleinen, kräftigen. Wenn du genau hinsiehst, merkst du, die bewegen sich kaum. Die für den Gesang sind die anderen.«

»Klar«, sage ich und schaue ihn von der Seite an, während er hinauf in die Baumkrone schaut.

28 **Ich war noch nie** in Sizilien. *Ich leb dir nach, du lebst mir vor.* Ausgerechnet der alte Schlager geht mir durch den Kopf, als ich in Catania über den staubigen Asphalt gehe und in den Bus nach Syrakus steige. Es ist die letzte Septemberwoche. Der Himmel ist ungetrübt, das Meer tiefblau. Bei Jolly hieße das *Ultramarin.* Mein Rucksack ist leicht, für achtundvierzig Stunden war schnell gepackt.

Im Bus sind nur wenige Plätze besetzt, die meisten Touristen nehmen sich ein Leihauto oder lassen sich abholen. Der Busfahrer ist freundlich, ich zeige ihm die Adresse der Pension in der Hoffnung, dass er mir bedeutet, wann ich rausmuss. Erleichtert falle ich in den Sitz.

Zu Hause beim Vater, der noch im Krankenhaus ist, habe ich die Stores zugezogen. Ich habe alle Fenster verschlossen und die Zimmerpflanzen gegossen. In der Brotdose liegt ein halbes Brot. In Vaters Badezimmer steht seine Zahnbürste im Becher, daneben die offene Kappe seiner Zahnpastatube. Ich habe sie nicht zugeschraubt, als ich ging. Für das Krankenhaus habe ich ihm eine neue gekauft. Ich habe Zahnputz- und Waschzeug gekauft und es originalverpackt in den Nachttisch geräumt. Wenn er aufwacht, hat er alles da.

Ich muss eingeschlafen sein. Ich wache auf, weil der Busfahrer etwas gerufen hat. An der Promenade, zwischen großem und kleinem Hafen, steige ich aus. Mir ist schwindlig. Als der Bus weiterfährt, sehe ich auf der gegenüberliegenden Straßenseite ein Café, aus dem Musik dringt. Das Meer hält blau und still die Luft an. Trotzdem legt der Geruch sich sogleich in die Nase und ins Haar. Ich gehe die Promenade entlang, ohne zu wissen, in welcher Richtung Mutters Adresse liegt. Ich gehe wie auf Wolken, gehe leichten Fußes, fühle mich befreit. Auf einmal ist es, als käme ich nicht aus einem langen Sommer, sondern aus einem ewigen Winter hierher.

Die kleine Pension ist ein privates Häuschen, direkt am kleinen Hafen. Als ich dort bin, lege ich meinen Pass auf das Board am Empfang. Eine junge Frau schaut so unbeteiligt in meinen Pass, dass ich denke, es ist gespielt. Nicht hier möchte Mutter mich treffen, sondern unten am Hafen. Den Stellplatz des Bootes habe ich mir innen auf dem Einband meines Notizbuchs notiert.

Sie möchte, dass ich in der Pension ankomme, wie jeder andere Gast, will nicht mit der Tür ins Haus fallen, mich mit ihrem neuen Leben überfordern. Vielleicht möchte sie auch die Begegnung mit Sergio und seiner Familie hinauszögern, oder sie möchte sich Sergio gegenüber vor mir weder verhalten noch nicht verhalten müssen. Vielleicht aber möchte sie mich einfach ganz für sich haben, wenn wir uns wiedersehen.

Sie steht in einer weißen kurzen Hose und einem weißblaugestreiften Tuch im Haar am Steg und winkt, als sie mich kommen sieht. Sie umarmt mich fest. Ihr Haar ist lockig, ungemacht und von der Sonne ausgebleicht. Sie war immer kleiner als ich, zierlicher. Jetzt kommen mir ihre Arme und Beine kräftig vor. Ich sehe, dass sie körperlich gearbeitet hat.

Sie streift über meine nackten Arme. Auch ich habe was getan, eine Ziege über den Sommer bringen ist mehr Arbeit, als den Vater zu beäugen, sich um den Bruder zu kümmern und in den Städter verliebt zu sein. Während dieses Sommers habe ich den Körper saniert. Wahrscheinlich bin ich gesünder denn je. Wahrscheinlich sind wir beide gesünder denn je.

Mama kann jetzt Boot fahren. Sie steigt voraus in das kleine Motorboot, klettert zwischen die Bänke unter dem weißen Sonnensegel und reicht mir die Hand. Sie sieht aus wie nach einem langen Urlaub. Sie vergewissert sich, dass ich bequem sitze, dann stellt sie selbst sich hinters Lenkrad, manövriert uns zwischen den anderen Booten hinaus. Wir sind schon meterweit weg vom Steg. »Und du findest zurück?«, rufe ich. Sie lacht. Ein zarter Wind weht uns um die Ohren, das Boot schwankt, bis der Motor es aus den Uferwellen zieht, hinaus aufs offene Meer.

Die Sonne scheint uns auf die Nasen. Wir sprechen nicht viel. Sie trägt eine Sonnenbrille, die ich nicht kenne, das Tuch hält ihr länger gewordenes Haar zusammen. Etwas an ihr wirkt lose, jungmädchenhaft.

Ich leb dir nach, du lebst mir vor. Kann mir bitte dieses Lied aus dem Kopf gehen? Oder doch nicht? Habe ich jemals zuvor in Betracht gezogen, dass es vielleicht gar nicht von Liebenden handelt, sondern von Nachkommen? *Wir passen in die gleichen Schuh'*.

Wir schauen über das Wasser, das Gesicht dem Horizont zugewandt. Dann sind wir auf Kurs. Sie wendet sich mir zu. Zeigt mir alles, was wir sehen. Zeigt in eine Richtung, »Nordosten«, ob ich den Ätna gesehen habe? Dass jeder einmal im Leben nach Palermo muss, solche Sätze sagt sie. Ich frage, ob sie gar nicht mehr bei der Bahn ist. Doch Mutter wischt die Bahn mit einer Handbewegung fort, sagt etwas von kurzer Dauer, der Obsternte in Ragusa, zwischenzeitlichem Dazuverdienen, »kein Zuckerschlecken alles«, aber sie lacht. Sie lacht überhaupt viel, viel zu viel für eine, die harte Zeiten gehabt hat. Für eine, die harte Zeiten gehabt hat, fährt sie in einem viel zu schicken Boot und trägt eine viel zu weiße Hose. So schlimm kann die Bahn nicht gewesen sein, denke ich, oder die Obsternte, und dass es vielleicht einfach etwas anderes ist, wenn man jederzeit gehen kann. »Die Bahn«, erzählt sie dann doch noch, »das war nur der Übergang.« Ihre Art zu sprechen ist anders. Sie ist so fröhlich, alles geht ihr leicht über die Lippen. In sanften Böen schickt sie es herüber zu mir, wo ich es einatme, aufnehme, zu einem Eindruck zusammenfüge. *Was ich auch träume oder tu – Ich bin ganz ich, ich bin ganz du.*

Ich weiß nicht, ob wir das jemals gehabt haben, sie und ich, ohne dass wir schwer gewesen wären von zu Hause. Vielleicht ist es wirklich nur dieses Zuhause, das uns so schwer gemacht hat, das Haus und das Dorf und das Drumherum, vielleicht haben wir etwas verwechselt, die Umstände verwechselt mit uns selbst, die Umgebung verwechselt mit den Umständen, und über die Zeit vergessen, dass wir uns auch einfach erheben und gehen hätten können.

Oder es ist umgekehrt, und wir verwechseln das hier mit uns, lassen uns täuschen von den Wellen und dem Duft der Zitronenblätter, lassen uns einlullen von der Versöhnlichkeit dieses Hafens. Denken tatsächlich, das seien wir, die hier fahren, gleiten, fliegen einen Augenblick.

Ich atme. Atme tief ein und aus, immer mehr geben als nehmen. Aber hier bekomme ich schon beim Einatmen so viel, dass es locker fürs Ausatmen reicht. Über unseren Köpfen spannt sich strahlend weiß das Sonnensegel. So müsste immer geatmet werden. Merke ich mir das, wenn ich am Montag einziehe in das Vierzehn-Quadratmeter-Zimmer mit dem Plastikdach überm Bad, dem Geruch des alten Mannes?

Die Wellen schaukeln uns. Ich lehne den Kopf zurück, ich atme. Atme Mutter auf dem Boot ein, Mutter im Nachtzug, Mutter bei der Obsternte. Atme Erdbeeren, Pfirsiche. Ihre neuen Beine, ihre perlenden Neuigkeiten, ihre nackten Füße in den zu großen Schlapfen. So, wie Vater gemeint hat, enden Frauenleben eben nicht. Weil Frauenleben so nicht enden, hat sie den roten Koffer genommen und sich in den Zug gesetzt. Weil Frauenleben so nicht enden, ist sie es, die das Boot lenkt, mir Neues mitteilt, sich zu mir wendet. Ich drehe mich weg, schaue übers

Wasser, dankbar für die Sonnenbrillen, die meine und ihre Augen bedecken. Diesem Blick halte ich nicht stand. Auch wenn sie längst wieder nach vorne schaut und ich übers Wasser, ist es, als schauten wir einander an. Etwas liegt in der Luft zwischen uns, etwas Gleißendes, Leichtes, vorsichtiger Stolz.

An unserem einzigen gemeinsamen Abend sitzen wir Oberarm an Oberarm auf der Holzbank auf ihrer Terrasse, hören das Meer rauschen, schauen in das flackernde Windlicht auf dem kleinen Plastiktisch und bringen in kürzester Zeit alles auf Schiene. Wir brauchen nur mein Handy und ihren Notizblock, dazwischen lassen wir wortlos die Gläser aneinander klirren. Sergio hat mir fest auf den Arm gehauen, lange ins Gesicht gestrahlt, ein paar italienische Lobeshymnen an die heilige Maria, die Erde und Mutter Natur geschrien und uns dann arbeiten lassen. Als er gegangen ist, ersparen wir einander alle Sätze, die ich nicht sagen und sie nicht hören will. Stattdessen trinken wir und organisieren dem Vater die Zukunft.

Am nächsten Morgen telefoniert Mutter mit dem Case-Management des Krankenhauses, mit der Pensionsversicherungsanstalt wegen des Antrags auf Reha, mit der Agentur für 24-Stunden-Pflege wegen der Betreuung zu Hause. Bevor ich überhaupt aufgestanden bin, erhielt sie von diesem einen Rückruf und von jenem, hat erfahren, dass es mit der Reha noch dauern könnte, mit der 24-Stunden-Pfelge unter Umständen aber schnell ginge. Versprechen kann niemand etwas, zuerst müssen Formulare ausgefüllt und zurückgeschickt werden, zuerst müssen alle Unterlagen vom Krankenhaus übermittelt sein. Bis Mutter dem Krankenhaus bereits vor der Entlassung des Vaters die Unterlagen mit der Diagnose und den Therapievorschlägen herausgeleiert hat, ist es Mittag, und ich habe gefrühstückt.

»Eine ist Bulgarin, eine Rumänin«, sagt Mutter und klopft den Stapel Ausdrucke und Scans auf dem Terrassentisch zurecht, »sie wechseln einander im Vierzehn-Tage-Rhythmus ab. Eine kann schon am Montag kommen. Wohnen werden sie oben.« Ich nicke. Bulgarin, Rumänin, für uns ist das ganz gleich. Der Vater wird beide hassen, weil er diese Lösung hassen wird. Er wird niemanden wollen, ganz egal, woher er kommt.

Bis zum Nachmittag haben wir, mit Hilfe der unbeteiligten Frau hinter der Rezeption, die nicht wiederzuerkennen ist, seit sie kapiert hat, dass ich Mutters Tochter bin, alles gescannt und abgeschickt. Am Schluss war sie es, die gar nicht mehr Unbeteiligte, die im Wirrwarr der mehrseitigen Dokumente den Überblick bewahrt und alles an die richtigen Adressen verschickt hat. Jemand muss sich konzentrieren, damit kein Fehler passiert. Jemand, der nicht, wie ich, mit dem halben Herzen schon woanders ist, in Gedanken bei den Hinterköpfen vor den Desktops, bei gespitzten Bleistiften und rechten Winkeln. Auf einmal bin ich voller Vorfreude. Ich habe das wirklich getan, diese Unterschrift gesetzt. Es war richtig, meine Sehnsucht nach Messgenauigkeit war noch nie so groß. *HB* stand damals als Kind auf meinen Bleistiften. Ich nehme mir vor, solche für meinen Anfang im Büro zu kaufen. Ist doch egal, ob die kein Mensch mehr braucht. Drei oder vier Bleistifte, *Hard Black – Mittelhart*, sollte ich schon haben. So wird es auch um mich stehen: Die Krankenschwester, der man anmerkt, wie viele Hände sie gehalten hat, werde ich wohl immer sein. Zeichnerin werde ich erst werden. Nie ganz rein, nie nur genau. Einstweilen einmal mittelhart.

Und Mutter? Ist aufgeweicht von erfüllten Träumen. Mit nackten Zehen auf einem Boot angewachsen, unlackiert, auf dem Steinboden ihrer Terrasse, klebt sie an Sergios Heiserkeit, ignoriert die Schweißränder unter seinen Armen, ignoriert, wie laut seine Stimme ist, oder sieht und hört sie das wirklich nicht, was macht das schon für einen Unterschied, in diesem

Zustand, in diesem Moment. Sergio spricht laut, aber er hört gut zu. Ich glaube, dass das Luftröhrenschnitt heißt, was er da am Hals hat. Wenn er spricht, bewegt sich die horizontale Narbe auf seiner Kehle auf und ab. Sieht aus, als habe es früher einmal ein Loch gegeben, das man jetzt nicht mehr sieht. Mutter und er erwähnen es mit keinem Wort.

Ich frage nicht, denke nur an die Hasenscharte des Vaters, wie er sie auch dann noch so genannt hat, als es längst andere Bezeichnungen gab. *Hasenscharte, Hasenscharte*, immer dieses Betonen des Brutalen, als habe der Vater Angst gehabt, die Hasenscharte würde irgendwann, wie das Luftloch in Sergios Hals, für uns, die wir hinschauen, trotz dieses Hinschauens verschwinden, nur noch Fremde erschrecken, die es zum ersten Mal sahen. Als habe das ständige Hasenschartensagen den Zweck gehabt, uns auf den Plan zu rufen. Als müsste der Vater uns zeitlebens erinnern, dass er ein Geteilter bleibt: der Mund abgeschnitten vom Rest des Gesichts. Der Vater abgeschnitten vom Rest der Welt.

29 **Zeitlich und örtlich soll** der Vater noch nicht einmal orientiert gewesen sein, als er schon gewusst hat, was er auf keinen Fall will: Die Bulgarin und die Rumänin, die er sich strikt weigert, beim Namen zu nennen, kämen ihm sicher nicht ins Haus.

Doch Mutter bleibt klar und hart. Mit einer Eindeutigkeit reiht sie die Tatsachen aneinander, als fädle sie eine Perlenkette auf. Ich gehe, Liliana kommt am Montag, entlassen wird er am Mittwoch. So ist es, nicht anders.

Der Vater tobt. Was heißt toben, er wütet und schreit im Krankenzimmer herum, bis ihm die Naht aufplatzt, was er vorwurfsvoll und detailreich wiedergibt, als ich ihn anrufe. Ich bleibe klar und hart. Mutters Ton färbt noch auf mich ab, als ich längst aus dem Flugzeug gestiegen bin und im Zug sitze. Mutters Ton trägt mich noch, als ich hinauffahre und, weil es früh am Morgen ist, direkt beim Potutznik durch die Tür gehe, wo die beiden beim Frühstück sitzen, den Städter fest umarme, dann auf den Mund küsse, dann auf sein Herz, dann wieder auf den Mund. Ich sage, dass er gut auf sich achten soll, dass wir uns am Freitag sehen, wenn er mag. Er bringt kein Wort heraus, starrt mich nur an, nickt ein bisschen, sagt schließlich tonlos, ja. Dann gehe ich hinaus zu Elise, die seelenruhig, den Kopf auf den Vorderbeinen, im Stroh liegt. Als ich sie zwischen die Augen küsse, die knöcherne Stirn an meinen Lippen spüre, wacht sie auf. »Elise«, sage ich und kraule sie unterm Kinn, »verzeih mir, dass wir nichts verstanden haben.« Elise nickt. Ich gehe zurück ins Haus, lasse den Potutznik, der sich gleich wieder erhebt, seine Hände auf meine Wangen legen, hoffe, dass sein freundlicher Blick mich noch länger begleiten wird. Dann gehe ich wortlos durch die Tür, obwohl der Städter noch steht, angelehnt an das Regal mit dem Schirm der Nichte, die doch nie gekommen ist. Hinten am Tisch hat der Potutznik sich wieder hingesetzt. Das Kinn in die Hand gestützt, schaut er von einem zum anderen.

Das Haus des Vaters ist still und leer. Kurz überlege ich, die Badezimmertür gleich auszuhängen, die Vitrine zur Seite zu schieben, damit der Vater sich mit seinem Rollstuhl leichter bewegen können wird. Aber dann lasse ich es. Liliana wird es sich richten, wie sie es braucht. Wie es für den Vater am besten ist.

Oben in der Einliegerwohnung hinterlasse ich alles, wie ich es vorgefunden habe. Ich ziehe das Bett ab und lege frische Bettwäsche und Handtücher heraus. Die wenigen Dinge, die ich während der neun Monate hier gebraucht habe, sind nur um wenige mehr geworden. Die schwarzen Sandalen für die Bewerbung, ein paar Kleidungsstücke, die ich zwischendurch besorgt habe. Den Pari-Boy-Inhalator brauche ich gar nicht mehr. Die klobigen Krankenhaus-Arbeitsschuhe stopfe ich in einen Plastiksack und werfe sie draußen vor dem Haus in den Müll.

Meine Nike-Sporttasche ist zwar gut gefüllt, aber schwer zu tragen habe ich nicht, als ich den Bus hinunter zum Bahnhof nehme und in den erstbesten Zug in die Stadt steige.

Vierzehn Quadratmeter sind nicht viel, und noch weniger, wenn gerade jemand darin gestorben ist. Ich stehe mit diesem Pflegebett im Zimmer und spüre, wie es mir die Luft zum Atmen nimmt. Ich will das Bett eines Toten hier nicht haben. Ich fotografiere es, nehme die Maße und inseriere es vom Handy aus in drei Schenkbörsen. Innerhalb von zwei Stunden habe ich jemanden, der am selben Tag noch kommt. Ich weiß, dass Pflegebetten manchmal schwer zu kriegen sind, ich weiß, dass viele alte Menschen viel dafür tun, Dinge geschenkt zu bekommen.

Um fünf holt ein schmächtiger Mann das Bett ab. Seine Hose ist vorne an den Knien abgewetzt, seine Fingernägel sind lang und ungepflegt, sein Gesicht ist grau und spitz. Obwohl ich mehrmals meine Hilfe anbiete, winkt er immer wieder ab. Wir rollen das Bett bis zum Treppenabsatz, der herauf ins Hochparterre führt. Er stellt sich auf die Stiege und zieht es Treppe für Treppe hinab. Ich halte es oben, es ist sehr schwer. Ich fürchte, dass es ihn überrollt, er unter die Räder des Bettes seiner Frau kommt. Wieder spüre ich, wie meine Mitleidrezeptoren ausgebrannt sind. Trotzdem frage ich zweimal nach, aber er will nicht, dass ich mit zum Auto komme. Er entkoppelt alle Bremsen und sagt, er schaffe das allein, wie wahrscheinlich vieles andere auch. Ich stehe vor dem grauen Mehrparteienhaus und schaue dem schmächtigen alten Mann zu, wie er das monströse Bett den Gehsteig entlang zur Rampe eines Transporters schiebt.

Als ich zurück in mein Zimmer gehe, wirft die Sonne ein großes Rechteck auf die leere Stelle, wo das Bett gestanden ist. Dort stelle ich mich hin. Es riecht nach Staub. Ich atme einmal tief durch. Mehr aus als ein. Die Sonne scheint mir ins Gesicht. Ich lasse den Kopf in den Nacken gelegt, stütze die Hände in die Seiten. Für einen Moment bleibe ich so stehen und rühre mich nicht. Mache mit geschlossenen Augen einen Schritt zurück, lasse mich wärmen. Durch die schmutzige Scheibe schaue ich gegen die Sonne, hinaus auf den Baum. Im nächsten Frühjahr wird er blühen. Das eine Fenster, das ich habe, reiße ich weit auf.

30

Das Büro ist in einer der wenigen Gassen der Stadt, in denen es nach Stadt aussieht. Unten neben dem Eingang befindet sich links ein portugiesischer Delikatessenladen, rechts hinter einer Glasfront eine Café-Bar mit elendslangem Angebot an Milchersatz. Im ersten Stock ist ein Yoga-Studio, das auch ayurvedische Retreats anbietet. *Atme* steht in reinweißer Schrift auf cremeweißem Grund.

Niemand sieht so alt aus wie ich, nicht einmal die Älteren. Selbst Mark, der Chef, sieht aus, als käme er gerade aus einem Yoga-Retreat. Alle sind unaufgeregt. Alle sprechen leise und schnell. Die Männer tragen das, was Gerlinde einmal als Nazifrisuren bezeichnet hat. »Wieder so ein Fritz«, hat sie mir zugeraunt, wenn ein Patient mit glattgestrichenem Seitenscheitel kam. Wie gerne hätte ich jetzt Gerlinde hier, deren Hosen noch viel mehr aus der Zeit gefallen sind als meine. Aber hier gibt es weit und breit keine Gerlinde. Es gibt eine Ann, die ich erst einmal unterstützen soll. Ihrem Aussehen zufolge ist Ann höchstens fünfundzwanzig, aber Ann ist auch Diplomingenieurin und Ziviltechnikerin. Ihre braunen Haare sind kurz und glatt. Ihre Haut ist beeindruckend porzellanfarben. Ich bekomme den Tisch gegenüber von Ann. Sie trägt ein Headset und spricht genauso schnell und leise wie die anderen. Dabei schaut sie zwischen ihren beiden Bildschirmen und dem Display ihres iPhones hin und her, sodass ich nie weiß, wann ich angesprochen bin. Die ganze Zeit muss ich hinsehen und aus den unendlichen Satzwürsten, die sie gebetsmühlenartig ohne Satzzeichen spricht, heraushören, wann ein Auftrag an mich dabei ist oder wann etwas eine Aufforderung sein könnte. Ein Highlight unserer Annäherung am ersten Tag trägt sich aber doch zu: Als Ann rund dreißig Minuten mit einem Bauleiter verbunden ist, währenddessen ich ihre Bleistifte spitze, hebt sie nach dem Auflegen für einen Moment die Augen zum Himmel, und wir lächeln einander an.

Die Mittagspause dauert dreißig Minuten. Ich gehe vor die Tür und lese mich durch die Milchersatzkarte. Der englischsprachige Barista hat Erbarmen und fragt, ob ich einen Kaffee möchte. Ich bestelle einen Kaffee und ein Croissant. Ann hat sich Sushi kommen lassen. Die meisten anderen sind kurz raus, manche kommen länger nicht zurück, andere bleiben gleich sitzen.

Am Nachmittag ist Ann wie ausgewechselt. Sie sagt etwas von ihrem Biorhythmus, und dass sie vor zwei Uhr nachmittags einfach nicht zu gebrauchen ist. Ihr Teint ist jetzt rosiger, sie scheint zum Leben erwacht. Ihre Sätze beginnt sie oft mit: »Was Mark sich vorgestellt hat, ist.« Mark hat sich zum Beispiel vorgestellt, dass meine Aufgaben hauptsächlich darin liegen werden, das CAD-Programm kennenzulernen. Ich nicke tapfer. »Produktgestaltung und Montagepläne zeichnen, technische Dokumentationen anfertigen.« Ich frage nicht, was technische Dokumentationen sind. Ich bin froh, dass sie spricht, ich will ihr nicht gleich auf die Nerven gehen. »Und die Mitarbeit und Assistenz des Projektteams war Mark auch noch wichtig«, sagt Ann. Unter kaum etwas, das sie erwähnt, kann ich mir etwas vorstellen. Aber Ann lächelt, und ich lächle auch. Zum Sprechen ist sie sogar hinter dem Tisch aufgestanden. Dann fällt ihr Blick auf meine Sandalen. Später, als Ann sich einen Grüntee holt, schaue ich auf ihre. Sie trägt Plateauklötze, zwei dicke Lederriemen übers Kreuz. Ihre Füße sehen zart und zerbrechlich aus. Die Nägel hat sie honiggelb.

Als ich gehe, ist es halb fünf. Ann hat schon zweimal auf die Uhr geschaut, sie möchte noch etwas fertig stricken, das sie morgen verschenken will. Mark verabschiedet sich knapp und herzlich. »Wirst sehen«, klopft er mir auf die Schulter, »du gewöhnst dich schnell.« Dass Mark oder irgendjemand von den anderen mich hier wirklich braucht, ist schwer vorstellbar. Diese Ausbildungsstelle war nicht ausgeschrieben. Sie war eine Gefälligkeit an Beas Chef oder an Bea, irgendwie hat Bea das hingekriegt. »Wenn Askja größer ist«, hat Bea gesagt, »bin ich auch wieder weniger im Homeoffice. Dann machen wir gemeinsam Feierabend.«

Nach der Arbeit gehe ich zu Fuß zurück in mein Zimmer, ich muss anfangen, es Wohnung zu nennen. Eine gute halbe Stunde, zuerst durch die Altstadt und den Fluss entlang, dann durch den Volksgartenpark. Ich atme ein und aus, es ist ein gnädiger Herbsttag, ein bisschen spüre ich noch die sizilianische Sonne auf der Haut und das vergangene Jahr in der Brust. Bei einem kleinen Touristen-Gourmet-Supermarkt kaufe ich ein paar Lebensmittel ein, zwei Pfirsiche, eine Milch, ein Stück Weißbrot. Nicht mehr, als ich in meinem Stoffbeutel tragen kann. Im Volksgarten setze ich mich auf eine der Bänke. Ich bleibe lange sitzen, länger, als ich mich ausruhen müsste oder etwas zu schauen hätte.

Mir geht alles zugleich durch den Kopf. Der Bruder und sein gekämmtes Haar, die Pappel, unter der wir gerade noch standen. Der Städter und sein Gesicht dicht an mir und wie es sein wird, gleich dieses Zimmer aufzuschließen, die stickige Hitze unter dem Badezimmerplastik hinauszulassen. In meinem Kopf schiebt sich alles übereinander. Mutter, ihre weiße Hose, ihr Boot und ihre Zehen. Sergio und was ihm wohl widerfahren ist, als er den Luftröhrenschnitt brauchte, und ob er sich auch geschworen hat, wie der Städter, von jetzt an keine Zeit mehr zu vergeuden. Und der Vater. Der Vater und sein erneuerter Spalt und ob er in diesen verschwindet, wenn Liliana ihm helfen will. Und ich, wie ich hier mit meinem Beutel sitze, in meinen Sandalen, bald achtunddreißig Jahre alt, Lehrling am ersten Tag. Ich, ein Stumpf ohne Wurzeln und Blätter, aber wenn der Wind in mich fährt, gibt es Widerstand, vielleicht sogar einen kleinen Gesang.

31

Es dauert, bis ich begreife, dass die Frau, die am Mittwochmittag in mein Telefon heult, Liliana ist. Ich stehe auf der Treppe zum Hauseingang, der Barista hat mit einer japanischen Reisegruppe zu tun, in die ich hineingeraten bin. An meinem Arm baumelt die Sushibox für Ann, und die Sonne brennt mir unangenehm auf den Scheitel. Rund um mich ist es laut. Ich versuche zu verstehen, was Liliana mir sagen will. Ich verstehe, dass sie ein Profi ist. Sie mache das seit Jahren, auch Beschimpfungen habe sie ertragen müssen, »sterben, Tod, alles«. Aber irgendwo gäbe es auch eine Grenze, das Wort Grenze betont sie laut und deutlich, als hätte sie es nachgeschlagen. Ob ich verstünde, dass es irgendwo eine Grenze gibt.

»Ja«, rufe ich, ich entschuldige mich, sie tut mir leid, es ist mir peinlich, ich will mir gar nicht vorstellen, was sie erlebt hat, als der Vater mit den Sanitätern heimgekommen ist und sie da gewesen ist. Gesagt hat Mutter es ihm, getobt hat er wohl, aber was sich dann zugetragen hat, ist Liliana zu viel. Es tue ihr auch leid, sagt sie, es sei ja öfter einmal so, dass Patienten nicht einsichtig sind, aber wenn er nicht wenigstens »zugebe«, dass sie bleiben soll, müsse sie gehen.

Ich flehe Liliana an, durchzuhalten. Ich verspreche ihr, am Freitagabend zu kommen. Sie sagt, der Vater weigere sich, zu trinken und zu essen. Sein Bein sei, sie ringt um Worte, »verunreinigt«. Außerdem schreie und schimpfe er mit ihr. Es rührt mich, dass sie sogar sagt, sie habe Verständnis für unsere Situation, sie sehe, dass er nicht allein bleiben kann, aber sie bittet mich, auch sie zu verstehen, und dass es irgendwo eine Grenze gibt.

Ich schaue auf die Uhr. Alle Japaner bekommen Salzburger Nockerl auf Keramiktellern. In drei Minuten ist meine halbe Stunde vorbei. Ann braucht ihr Sushi für den Biorhythmus. Ich bitte Liliana, bis Freitag durchzuhalten. Ich verspreche, mir was einfallen zu lassen.

Als ich endlich das graue Mehrparteienhaus erreiche, in dessen Parterre mein Zimmer ist, sehe ich Bea, die meine Matratze bringt, schon von Weitem auf dem Treppenabsatz sitzen. »Wie man sich bettet, so liegt man«, ruft sie mir zu und drückt eine selbstgedrehte Zigarette auf der Treppe aus. Ihr Haar hängt in Locken in die Stirn. Sie sieht gut aus, wenn auch irgendwie zurechtgemacht. Ich bin erleichtert, Bea zu sehen. Ich habe vergessen, dass vereinbart war, dass sie mit dem Passat meine Lieferung abholt und hierherbringt. »Wo hast du Askja gelassen?«, frage ich, als wir einander umarmen. »Ihr Vater ist da«, sagt Bea knapp, »und bleibt wohl noch eine Weile.« Ich lege den Kopf schief, schaue sie an. »Frag nicht«, sagt sie, die Handbewegung sieht wegwerfend aus.

Bea nennt mein Zimmer konsequent Wohnung. In der Wohnung schneidet sie die Plastikfolie der Matratze auf und lässt sie auseinanderspringen. Sie setzt sich und lässt sich nach hinten fallen. Ich tue es ihr gleich. So liegen wir, die Köpfe aneinander, schauen an die Decke. Bea setzt sich auf, um eine Zigarette zu drehen. Dann gehen wir die Optionen durch.

Bea ist verändert. Wo vorher immer alles, was aus ihrem Mund kam, so klar war, sind jetzt auf einmal lauter *Könnte* und *Vielleichts*. Vielleicht könnte die Reservearmee sich kümmern, sie meint den Städter und seine Männer aus der Gaststube. Dazu brauche ich nichts zu sagen. Bea hört selbst, dass das nicht funktionieren kann. Man stelle sich den Vater vor, wie der Schreiber kommt, um ihn zu duschen.

Zum Rauchen setzt sich Bea ins Fenster. Sie sagt, sie könnte ja am Haus vorbeifahren, vielleicht ab und zu schauen, wie es ihm geht.

Ich sage, dass sie schon schauen könnte, aber sehen würde sie nichts.

»Ich könnte klingeln«, sagt Bea. »Er würde dir nicht aufmachen«, sage ich. Bea nickt, aber ihr Nicken ist halbherzig, wie überhaupt die ganze Bea irgendwie halb wirkt, halb anwesend, halb entschlossen, halb zum Fenster hinausgelehnt, halb qualmt sie mir die Bude voll.

»Du, Bea, ich bin knapp am Sauerstoff vorbei«, sage ich, und sie beugt sich weiter hinaus, hält das Gesicht in die Sonne, schließt vielleicht sogar die Augen, genießt die Wärme, als wäre ich gar nicht da, als säße ich nicht hier, auf der halb mit Plastik bezogenen Matratze, und hätte echt ein Problem.

»Und zurückgehen ... willst du gar nicht?«, fragt sie, »ich meine, wegen Oskar vielleicht? Du könntest ja auch pendeln, alle Welt pendelt doch.«

Von hinten schaue ich ihr aufs Haar. »Wegen Oskar?«, sage ich.

»Ja«, sagt sie, »ist doch normal, dass man Dinge aus Liebe tut. Tun doch alle ständig Dinge aus Liebe.«

»Was du nicht sagst«, sage ich. »Und der Vater?«

»Müsste das halt akzeptieren.«

»Dass ich da bin und zugleich nicht?«

»Wäre das unmöglich?«

»Da sein und zugleich nicht?«

»Ja.«

»Vielleicht«, sage ich.

»Wahrscheinlich«, sagt sie.

»Ziemlich sicher wäre das unmöglich«, sage ich.

»Wenn du's sagst«, sagt sie.

Eine Weile schweigen wir. Ich bin wütend auf Bea. Bea mit ihrer Frisur, Bea mit diesem Glänzen in den Augen, Bea mit ihrem schwedischen Kindsvater. Sie raucht weiter genussvoll, hat sich aufs Fensterbrett gesetzt, das Gesicht der Sonne zugewandt. »Schöner Baum«, sagt sie, als sie durch die halbgeschlossenen Lider schaut, »was ist das, Esche?«

Am Freitagabend holt Bea mich, mit normaler Frisur, irgendwie missmutig und schweigsam, wieder ohne Askja, draußen bei meiner Wohnung ab. Die Fahrt nach drinnen ins Innergebirg kommt mir ewig vor. Weil ich merke, dass Bea sich nicht unterhalten will, lehne ich den Kopf zur Seite und schaue die nassen

Schluchten hinauf, zähle die Tunnel mit. Ich vermeide jede Erkundigung nach dem Schweden, irgendetwas scheint doch nicht so zu laufen, wie Bea sich das vorgestellt hat. Sie wirkt still, aber trotzdem erschüttert, eine erschütterte Bea, wie sie eigentlich nicht in mein Bild passt. Ein bisschen kommt es mir so vor, als habe sie ihre Entschlossenheit an mich abgetreten. Als habe sie mir diese herübergereicht, mit der Chance im Produktdesign, als habe ich sie nicht nur angenommen, sondern übergestreift. Und jetzt ist es so, als hätte ich mich damit nicht, wie eigentlich geplant, an Beas Seite gestellt, sondern als hätte ich ihr was genommen, das sie nicht mehr zurückbekommt.

Als wir um den See herumfahren, fragt Bea, wo sie mich rauslassen soll.

»Oben beim Vater«, sage ich.

Ich höre, was sie denkt. »Oskar sehe ich danach«, sage ich, aber sie wirkt schon wieder, als wäre sie woanders.

Als wir auf mein Elternhaus zufahren, brennt unten Licht. Oben ist alles dunkel. Vielleicht hat Liliana es gar nicht mehr ausgehalten, ist bereits abgereist. Wenn das so ist, hat sie vorher noch den Garten aufgeräumt. Bea stellt den Motor ab, aber wir sitzen beide bloß da und starren auf das Haus, um das herum es langsam dunkel wird.

Sie dreht sich eine Zigarette und fragt mich, ob ich auch eine will. Ich sage: »Bea, ich bin knapp am Sauerstoff vorbei.«

»Ich weiß«, sagt sie, »aber man kann ja auch mal was Falsches tun, oder nicht?« Sie öffnet zusätzlich zum Fenster auch die Autotür, durch die sie den Rauch hinausbläst.

»Da sagst du was«, sage ich, und wie zu mir selbst: »Ich schau nur mal, wie es ihm geht.«

In der Abenddämmerung sieht das Haus friedlich aus. Wir sehen beide, dass sich am Fenster was rührt. Hinter dem halbdurchsichtigen Store taucht eine Gestalt auf, aber auf den ersten Blick erkenne ich, dass das nicht Liliana, sondern Mutter ist. An ihrem Umriss sehe ich, dass ihr Haar wieder in Form geföhnt ist. Eine Weile steht sie nur da, steht hinter dem Store und schaut zu uns heraus oder auch nicht, sieht, dass wir sie sehen, oder auch nicht. Sie legt eine Hand an die Scheibe, aber ich glaube nicht, dass das ein Gruß ist. Eher ist es, als würde sie mir bedeuten, fernzubleiben. So verharren wir eine Weile, sie hinterm Fenster, ich hinter der Scheibe. Bea schnippt die Zigarette zur offenen Tür hinaus, schaut mich erwartungsvoll an. Ich bedanke mich bei ihr fürs Fahren, umarme sie und sage, dass ich sie morgen anrufe. »Ich kann dich rausbringen«, sagt sie. »Ich danke dir«, sage ich, verabschiede mich und steige aus. Als ich die Autotür zuschlage, zupft Mutter den Store zurecht und zieht die Vorhänge zu.

Danke: Günther Eisenhuber.
Peter Köllerer und Kristin Zoller
für die Gegenlese.

Hinweise

1 Die Arbeit an diesem Buch ist inspiriert von der wissenschaftlichen Arbeit der Sozialpsychologin Marie Jahoda (1907–2001). Ihre zentralen Thesen zu den latenten Funktionen von Arbeit haben viel zur Entwicklung des Manuskripts beigetragen (z. B. *Arbeitslose bei der Arbeit*, 1938, Hg.: Christian Fleck, Campus Verlag, 1989; oder: *Lebensgeschichtliche Protokolle der arbeitenden Klassen 1850–1930*, Hg.: Meinrad Ziegler, Waltraud Kannonier-Finster und Johann Bacher, Studienverlag, 2020).

2 Der *Südafrikanische Maskenweber* als Symbol für Arbeit von Tieren ohne eindeutig nachgewiesenen Zusammenhang ist als solcher beschrieben in: *James Suzman: Sie nannten es Arbeit. Eine andere Geschichte der Menschheit.* (Aus dem Englischen von Karl Heinz Siber. Erschienen bei C. H. Beck 2021).

3 Der Gedanke zur schwierigsten Stunde für Arbeitslose im Tagesablauf entstammt dem Film *Einstweilen wird es Mittag* (Regie: Karin Brandauer, 1988), der sich auf die Marienthal-Studie bezieht (*Die Arbeitslosen von Marienthal: Marie Jahoda, Paul Lazarsfeld, Hans Zeisel*, 1933).

4 Zur Formulierung über das Suppeessen als »Auftrag, den es abzuarbeiten gilt«: Im Nachwort von Karl-Markus Gauß zu Franz Innerhofers *Schöne Tage* (Residenz, 2011) beschreibt Gauß, dass Innerhofer seinen Wein trinkt, »als wäre auch das Saufen eine Arbeit, die bedächtig und ausdauernd erledigt werden muss«.

5 Die Textzeilen *What is normal in the evening by the morning seems insane* und *What is simple in the moonlight by the morning never is* stammen von der Band *Bright Eyes*.

6 Der Gedanke über die Eberesche ist angelehnt an Lucia Berlins *Was ich sonst noch verpasst habe* (Arche, 2016).

7 Obwohl es im Innergebirg vor vielen Jahren tatsächlich eine Süßwarenfabrik gab, ist die Fabrik im Roman eine erfundene. Jede Übereinstimmung mit der Wirklichkeit ist zufällig.